푸코, 바르트, 레비스트로스, 라캉 쉽게 읽기

NENAGARA MANABERU KOZO-SHUGI written by Tatsuru Uchida
Copyright ⓒ Uchida Tatsuru 2002
All rights reserved.
Original Japanese edition published in Japan by Bungei Shunju Ltd..

This Korean edition is published by arrangement with Bungei Shunju Ltd.,
Tokyo in care of Tuttle-Mori Agency, Inc., Tokyo through Iyagi Agency, Seoul.

이 책의 한국어판 저작권은 이야기 에이전시를 통한
저작권자와의 독점계약으로 갈라파고스에 있습니다. 저작권법에 의해 한국 내에서
보호를 받는 저작물이므로 무단전재와 복제를 금합니다.

푸코, 바르트, 레비스트로스, 라캉 쉽게 읽기

교양인을 위한 구조주의 강의

우치다 타츠루 지음

이경덕 옮김

푸코, 바르트, 레비스트로스, 라캉 쉽게 읽기
교양인을 위한 구조주의 강의

1판 1쇄 발행 2010년 10월 5일
1판 29쇄 발행 2024년 12월 10일

지은이 우치다 타츠루 | 옮긴이 이경덕
편집부 유온누리 박지행 | 표지 디자인 가필드

펴낸이 임병삼 | 펴낸곳 갈라파고스
등록 2002년 10월 29일 제2003-000147호
주소 03938 서울시 마포구 월드컵로 196 대명비첸시티오피스텔 801호
전화 02-3142-3797 | 전송 02-3142-2408
전자우편 books.galapagos@gmail.com
ISBN 978-89-90809-33-9 (03160)

갈라파고스 자연과 인간, 인간과 인간의 공존을 희망하며, 함께 읽으면 좋은 책들을 만듭니다.

들어가는 말

이 책은 입문자들을 위해 쉽게 쓴 구조주의 해설서입니다.

나는 개인적으로 전문가용 해설서나 연구서는 잘 사지 않습니다. 지루하기 때문이지요. 그러나 입문자용 해설서나 연구서는 자주 읽는 편입니다. 흥미로운 책을 만날 확률이 높으니까요. 전문가용 책에는 외부인이 알아듣기 힘든 그들만의 유머가 계속 나옵니다. 나는 그 이야기의 어디가 재밌는지 그래서 어디에서 웃어야 할지 잘 모릅니다. 아는 이 전혀 없는 파티에 참석해 몸을 어디에 두어야 할지 모르는 사람처럼 어색함을 느끼기 마련이지요. 그에 비해 입문자용 책은 일단 문지방이 낮은 것이 장점입니다. 거기에는 모든 독자를 손님처럼 맞이하는 상냥한 태도가 있습니다.

이러한 책들에서 볼 수 있는 문지방의 높고 낮음은 도대체 어디에서 온 것일까요? '그들만의 파티'와 '누구든 참가할 수 있는 파티'의 차이인가요? 아니면 전문서와 입문서의 특성상 내용의 질적인 면에서 차이가 나는 것일까요? 나는 본질적으로 차이가 있다고 생각하지 않습니다. 문지방의 높고 낮음은 '전문가용'이 안다는 전제하에 구성되어 있는 것임에 반해 '입문자용'은 모른다는 전제로 구성되어 있기 때문에 생기는 문제일 뿐입니다.

전문가를 위한 책은 '알고 있는 것'을 쌓아 올려 갑니다. 거기에는 '주지하고 있듯이'라든가 '굳이 말할 필요는 없지만' 또는 '과연 그렇기는 하지만' 같은 말만 잔뜩 적혀 있어서 책을 읽을 때마다 '뭐가 그렇다는 거야?'라는 생각에 분노를 느끼기 쉽습니다. 가장 기본이 되는 것을 말해주지 않기 때문에 화가 나는 것이지요. 그것은 텔레비전 중계를 통해 정치인의 국회 답변을 듣고 있을 때 치밀어 오르는 분노와 비슷합니다.

정치인의 답변은 전문적인 어휘와 식견으로 가득 차 있지만, 도대체 정부는 누구를 위해 존재할까 또는 시장은 무엇을 가리키는 말일까, 국제 여론은 누구의 의견을 말하는 것인가 등에 대해서는 알려주지 않습니다. 그들은 자기 입으로 떠들고 있는 논제의 기본에 대해서는 결코 말하지 않습니다. 우리는 논제의 기본을 통해 현재의 문제를 꼼꼼하게 검증해야 한다고 생각하기 때문에 누구에게, 무엇을 말하는지 모르는 답변을 들으면서 신경질이 나는 것이지요.

좋은 입문서는 '내가 모른다는 사실'로부터 출발합니다. 그것은 우리가 모른다는 사실에서 출발해 전문가가 말해주지 않는 것을 다루며 앞으로 나아갑니다(이를 거꾸로 하면 변변치 못한 입문서가 어떤 것인지를 알 수 있겠지요. 초보자가 모두 알고 있는 것에서 출발해 전문가라면 누구나 말하는 것을 알기 쉽게 고쳐 써서 끝내는 것입니다. 내가 말하는 입문서와는 다르지요). 좋은 입문서는 먼저 첫머리에 '우리는 무엇을 모르고 있는가?'에 대해 묻습니다. '왜 우리가 지금까지 그것을 모른 채 살아왔는가?'를 묻습니다. 이것은 근본적인 질문입니다.

왜 우리는 그것에 대해 모르는 것일까요? 왜 이제까지 그것을 모른 채 지내왔을까요? 게을러서요? 그렇지 않습니다. 우리가 어떤 것을 모르고 있는 이유는 대개 한 가지뿐입니다. 알고 싶지 않기 때문입니다. 보다 엄밀히 말하면 자기가 무엇을 '알고 싶어 하지 않는지'에 대해 생각하는 것을 원하지 않기 때문입니다.

무지라고 하는 것은 단순히 지식의 결여를 가리키는 말이 아닙니다. '알고 싶지 않다'라는 마음가짐을 갖고 한결같이 노력해온 결과가 바로 무지입니다. 무지는 나태의 결과가 아니라 근면의 성과입니다. 거짓말 같나요? 부모가 설교를 늘어놓기 시작하면, 순간 갑자기 눈을 딴 곳으로 돌리는 아이의 모습을 떠올려보십시오. 아이들은 부모가 '돌봐주기 모드'에서 '설교 모드'로 바뀌는 순간을 확실히 알아차리고 곧바로 귀를 닫습니다. 그게 선생님이거나 다른 어른인 경우에도 마찬가지입니다. 아이들은 어른의 설교를 듣지 않기 위해 설교의 징후가 있는지 없는지 안테나를 곤두세우고 경계를 게을리 하지 않습니다. 대단한 노력이 아닐 수 없지요. 아이가 부주의하고 태만해서 어쩌다가 부모의 설교를 진지하게 끝까지 들어주는 경우가 생길 수도 있지 않을까 생각하겠지만 그런 일은 절대로 없습니다.

어떤 것을 모른다는 것은 대개의 경우 그것을 알려고 하지 않기 때문입니다. 모른 채로 살기 위해 노력을 아끼지 않기 때문입니다. 따라서 '우리는 무엇을 모르는가?' 라는 물음을 정확하게 인지하면 우리가 '거기에서 필사적으로 눈을 돌리려고 하는 것'이 무엇인지를 밝혀낼 수 있을 것입니다.

예를 들면 의학 전문서에는 질병에 대한 다양한 치료법이 적혀 있지만 사람은 왜 늙는가? 또는 왜 죽는가? 등의 질문은 찾아보기 힘듭니다. 아무도 그 해답을 내놓을 수 없기 때문이지요. 그리고 그것이야말로 우리가 눈을 돌리려고 하는 바로 그 질문입니다. 참으로 근본적인 의학 입문서가 있다면 그것은 아마 '사람은 왜 죽는가?' 라는 물음으로부터 출발하겠지요. 그리고 '죽는 것의 의미'나 '늙는 것의 필요성'에 대한 근원적인 성찰을 하겠지요. 병의 치료법이나 오래 사는 방법에 대한 지식과 정보는 그 뒤에, 그러니까 근원적인 성찰이 있고 난 뒤에 나와야 하는 것입니다.

입문서는 전문서보다 근원적인 물음과 만날 기회를 많이 제공

합니다. 이것은 내가 경험을 통해 터득한 사실입니다. 입문서가 흥미로운 것은 '답을 알 수 없는 물음'에 대해 끊임없이 생각하게 함으로써 그 물음 아래에 밑줄을 그어주기 때문입니다. 지성이 스스로 해야 할 가장 중요한 일은 '해답을 내놓는 것'이 아니라 '중요한 물음 아래 밑줄을 긋는 일'입니다.

지적 탐구는 (그것이 본질적인 것이라면) 늘 '나는 무엇을 아는가?'가 아닌 '나는 무엇을 모르는가?'를 출발점으로 삼습니다. 그리고 그 대답할 수 없는 물음, 그러니까 시간이란 무엇인가, 죽음이란 무엇인가, 성이란 무엇인가, 공동체란 무엇인가, 화폐란 무엇인가, 기호란 무엇인가, 교환이란 무엇인가, 욕망이란 무엇인가 등과 같은 일련의 물음이야말로 우리 모두에게 공평하게 주어진 근원적이고 인간적인 물음입니다.

입문서가 제공할 수 있는 최고의 지적 서비스는 '대답할 수 없는 물음'과 '일반적인 해답이 없는 물음'을 제시하고, 그것을 독자들 개개인에게 스스로의 문제로 받아들이게 함으로써 천천히 곱씹어보고 음미하게 하는 것입니다.

이 책은 입문자를 위한 구조주의에 대한 쉬운 해설서입니다. 그러므로 이 책은 '내가 알고 있는 것'보다 '내가 모르고 있는 것'들을 중심으로 씌어졌습니다. '내가 알고 있는 것'을 다룬다면 개인적 취향에 따른 편향이 생길 것입니다. 그러나 '내가 모르는 것',

그러니까 '내가 그것과 얽히는 것을 피해왔던 해답이 없는 물음'을 다룰 것이기 때문에 이 책에서 제기하는 문제의식은 현대 사회를 살아가는 대다수 일반 독자들의 문제의식과 크게 다르지 않을 것입니다.

그러나 한편에서는 자기가 모르는 것을 어떻게 책으로 쓰려고 하느냐는 의문이 생길 수도 있습니다. 그런 의문이 드는 것은 당연합니다. 그러나 이는 충분히 가능한 일입니다. 모형 완구를 조립하는 것과 비슷하지요. 모르는 것을 조사해가면서 쓰는 겁니다.

나 역시 이해하기 힘든 개념이나 이론을 알게 되면 '아, 그렇구나' 하며 무릎을 치는 초보자에 불과합니다. 힘들게 이해한 이론적인 어려움들에 대해 안내를 할 수 있는 정도이지요. 다만 여행에 관한 책을 읽을 때 현지에 3대째 살고 있는 사람의 정보보다 조금 전에 그곳을 여행하고 돌아온 사람의 정보가 그곳으로 가려고 하는 사람에게 더 유용할 수 있다는 점을 생각하면 될 것입니다.

이 책은 어느 시민강좌에서 사용했던 강의 노트를 바탕으로 하고 있습니다. 이 시민강좌의 수강생들은 프랑스의 현대 사상이나 철학사에 대해 예비지식이 거의 없는 시민들로, 평균 연령은 60세(최고령자는 82세)였고 강의는 한 차례로 끝이 났으며 강의 시간은 90분 정도였습니다. 아무리 향학열에 불탄다고 해도 예비지식이 없는 사람들에게 구조주의에 대한 총체적인 정보를 90분 만에 전달하는 것은 무척이나 힘든 일이었습니다. 여하튼 최대한 '알기 쉽게'를 목표로 강의 노트를 썼습니다.

다만 '알기 쉽게'라는 것이 '간단하게'를 의미하는 것은 아닙니다. 그 둘은 서로 비슷한 것처럼 보이지만 그렇지 않습니다. 그래서 나는 이야기를 '복잡하게' 만들어서 '빨리 진행시키는' 방법을 택했습니다.

사상사를 기술하는 경우, 어떤 철학적인 개념을 정의하지 않고서는 앞으로 나갈 수 없다고 생각하기 쉽지만 반드시 그렇지는 않습니다. '주체', '타자', '욕망' 등과 같은 기본적인 개념에 대해서는 그 정의에 대해 학계 내부에서도 합의 형성이 힘듭니다. 따라서 '타자란 이런 것이다' 또는 '아니다. 타자는 저런 것이다' 식의 교조적인 논의에 신경을 쓰는 것은 시간 낭비일 뿐입니다. '타자는 다른 사람이다' 정도의 느슨한 이해를 바탕으로 이야기를 진행시키는 것이 좋다는 게 내 생각입니다. 내가 목표로 하는 것은 '복잡한 이야기'의 '복잡함'을 그대로 둔 채로 시야가 탁 트인 사상사적 전망을 보여주는 것입니다.

구조주의라는 사상이 아무리 난해하다고 해도, 그것을 세운 사상가들이 '인간은 세상에 대해 어떻게 생각하고 느끼며 행동할까?'라는 물음에 답하려고 했다는 사실에는 변함이 없습니다. 다만 그 물음에 대한 접근 방법이 보통 사람들보다 강하고 깊었을 뿐이죠. 따라서 가만히 귀를 기울이면 '아, 그렇구나. 그런 일도 있을 수 있겠구나' 라는 깨달음을 얻을 수 있을 것입니다. 결국 그들이 그 탁월한 지성을 구사해 해명하려고 했던 것은 다름 아닌 '우리 보통 사람들'의 일상적인 생활에 담긴 본질적인 모습일 테니까요.

이제 본론으로 들어가볼까요?

차례

들어가는 말 5

제1장 구조주의 이전의 역사
우리는 '편견의 시대'를 살아가고 있다 19
세계를 바라보는 시선 24
마르크스의 지동설적인 인간관 29
'무의식의 방'을 발견한 프로이트 36
'억측에 의한 판단'을 비난한 니체 44

제2장 창시자 소쉬르의 등장
언어는 '사물의 이름'이 아니다 65
경험은 언어에 의해 규정되는 것 73
'타인의 언어'를 말하는 우리 77

제3장 푸코와 계보학적 사고
역사는 '지금·여기·나'를 향해 있지 않다 85

광기를 긍정하는 것은 누구인가? 94
신체는 하나의 사회제도 100
왕이 지닌 두 개의 신체 104
국가는 신체를 조작한다 109
사람은 왜 성에 대해 말하고 싶어 할까? 116

제4장 바르트와 『글쓰기의 영도』
'객관적인 언어 사용'이 패권을 쥐다 125
독자의 탄생과 저자의 죽음 138
'순수한 언어'라는 불가능한 꿈 145

제5장 레비스트로스와 끝나지 않는 증여
'구조주의의 시대'가 열리다 153
사르트르와 카뮈의 논쟁 157
'분쇄'된 사르트르 160
음운론은 어떤 것인가? 165
모든 친족관계는 2비트로 표시된다 169
인간의 본성은 '증여'에 있다 174

제6장 라캉과 분석적 대화
유아는 거울을 통해 '나'를 손에 넣는다 185
기억은 '과거의 진실'이 아니다 191
어른이 된다는 것 204
커뮤니케이션이야말로 가치가 있다 213

나오는 말 216

옮긴이의 말 219
참고 문헌 222

제1장
구조주의 이전의 역사

우리는 '편견의 시대'를 살아가고 있다

먼저 역사적인 부분부터 살펴보겠습니다. 구조주의가 어떤 사상사적인 맥락에서 탄생했는지 그에 대해 알아보려고 합니다.

사상사적인 구분에 따르면 지금 우리가 살고 있는 시대는 '포스트구조주의 시대'라고 불립니다. '포스트post'라는 말은 '○○ 이후'를 뜻하는 라틴어입니다. 그러니까 지금은 '구조주의 이후의 시대'라는 뜻이 됩니다.

이것은 무엇을 의미할까요? 포스트구조주의라는 것은 '구조주의가 지배하던 또는 유효한 사고방식이던 시대가 끝이 났다'는 것을 뜻하는 걸까요? 나는 그렇게 생각하지 않습니다. 오히려 포스트구조주의 시대는 구조주의의 사고방식이 우리가 느끼고 생각하는 방식 속에 아주 깊이 침투해 있기 때문에, 따로 구조주의자들의 책을 읽거나 이론 공부를 하지 않아도 그들의 방식이 '자명한 일'

이 된 시대(그리고 성마른 사람들이 '구조주의의 종언'을 말하기 시작한 시대)를 말할 것입니다.

즉 현재 구조주의의 사고방식은 미디어나 학교 교육, 일상적인 가정생활, 친구들과 나누는 별 뜻 없는 대화 등을 통해서 우리가 느끼고 생각하는 방식에 깊이 개입해 있습니다. 이제 다음 장부터 그 구체적인 사례들을 살펴보려고 합니다.

더러는 그런 '자명한 일'을 따로 연구하는 것이 의미가 있을까 생각하는 사람들도 있겠지요. 물론 의미가 있습니다. 오히려 '자명한 일'이기 때문에 더욱 거론할 필요가 있습니다. 학문이 해야 하는 중요한 일 가운데 하나는 우리가 보기에 '자명한 것'이며 '자연적인 것'이고 '상식'으로 수용될 만한 사고방식이나 감수성의 모습이 어떤 특수한 역사적인 기원을 갖고 있으며 어떤 역사적 상황에서 성장해온 것인지를 밝혀내는 것이기 때문입니다.

오늘날 우리가 보기에 지극히 자연스러운 행동이 다른 나라, 다른 문화적 배경을 가진 사람들에게는 꽤나 기이하게 보일 수도 있습니다. 뿐만 아니라 같은 나라에 사는 사람이라고 해도 지역과 세대가 바뀌면 동일한 현상에 대해 생각하고 행동하는 방식이 달라져, 지금의 우리 모습 역시 '21세기 시대의 고유한 관습' 쯤으로 생각될지도 모릅니다. 따라서 현재 우리가 지극히 자연스럽게 행하는 선과 악의 구분이나 아름다움과 추함의 판단은 그다지 보편적인 것이 못 됩니다. 우리는 이 사실을 잊지 말아야 하며, 결코 자기의 의식을 확대 적용하지 말아야 합니다. 우리에게 자연스러운 것은 우리 시대, 우리가 사는 곳, 우리가 속한 사회집단이 지닌 고유한 '민족지적民族誌的 편견'에 불과합니다.

그렇게 보면 포스트구조주의 시대를 살아가고 있는 우리는 '구조주의를 상식으로 간주하는 사상사적 관습의 시대'를 살아가고 있다는 말이 됩니다. 이런 시대는 (뒤에서 살펴보겠지만) 비교적 최근에 시작되었고 당연한 말이지만 언젠가 끝이 날 것입니다. 그러나 우리는 아직 구조주의가 상식인 시대에 머물러 있으며 거기서 빠져나올 만한 결정적인 계기를 만나지 못했습니다.

왜일까요? 그것은 지금 내가 문제를 제기하는 방식 자체가 '구조주의적'이기 때문입니다. 즉 '우리는 상식이 된 어떤 이데올로기가 지배하는 편견의 시대를 살고 있다'라는 자각 자체가 구조주의가 안고 있는 중요한 단면입니다. 다시 말해 구조주의라는 '사상의 관습'에 대해 비판적 성찰을 하려고 할 때, 이를 위한 학술적인 근거로 우리가 사용할 수 있는 것은 구조주의밖에 없습니다. 구조주의적 견해를 이용하지 않고는 구조주의적 견해를 비판적으로 성찰할 수 없는, 출구 없는 무한 고리 속에 갇혀 있는 것이지요. 그리고 이 '고리 속에 갇히는 것'이 바로 '어떤 이데올로기가 지배하는 시대를 살고 있다'라는 뜻이기도 합니다.

이와 비슷한 사례로 '마르크스주의의 용어를 사용하지 않고서는 마르크스주의적 견해를 내재적으로 비판할 수 없다'고 믿었던 시대가 얼마 전까지 존재했음을 떠올릴 수 있습니다.

1970년대에는 마르크스주의 운동을 비판할 때 '마르크스주의? 몰라. 그게 뭐야?' 같은 반응을 보일 수가 없었습니다. 비판자들에게 허용된 것은 마르크스주의를 내세운 사상이나 운동이 마르크스에 비추어 볼 때 얼마나 '마르크스주의적'인지 아닌지를 논증하는 것뿐이었습니다(보다 혁명적이고 근본적이며 대의에 공헌하는 듯한 이론의 이름을 통해 늘 기존의 제도나 운동을 비판할 수 있었습니다). 따라서 구소련과 동유럽의 사회주의 체제가 차례로 붕괴되었을 때조차 당시의 좌익 지식인들은 입을 모아 '실패한 사회주의는 참된 사회주의가 아니다. 참된 사회주의는 여전히 건설 중이다'라고 말할 수 있었습니다.

마르크스주의가 지배적인 이데올로기였던 시대라고 해서 모두가 마르크스의 책을 읽고 있던 시대를 뜻하는 것은 아닙니다. 그것은 마르크스주의 사상이나 운동에 대한 비판적인 기술記述을 위해서는 오직 마르크스주의의 용어나 개념을 사용해야 함을 이상하게 여기지 않았던 시대를 의미합니다. 어떤 이데올로기가 '지배적이다'라는 말은 그런 것입니다.

마르크스주의의 경우는 '이제 그런 말은 그만 썼으면 좋겠다'라는 생각이 집단의 이해에 도달했을 때 지배적인 이데올로기의 자리에서 내려왔습니다. 누군가가 마르크스주의를 근본적으로 비판하거나 역사적인 경험이 마르크스주의의 불가능성을 알려주었기 때문이 아닙니다(마르크스의 견해는 지금까지, 그리고 앞으로도 아마 계속해서 유효할 것입니다). 단지 많은 사람들이 '마르크스주의적인 것에 질렸다'고 생각했을 뿐이지요.

나는 구조주의에 대해서도 같은 일이 일어날 것이라고 생각합니다. 현재 우리는 구조주의의 용어를 사용하지 않으면 구조주의의 성립에 대해 설명할 수 없는 고리 속에 갇혀 있습니다. 그러나 언젠가 구조주의 특유의 용어(시스템, 차이, 기호, 효과 등)를 말하는 것에 다들 질리게 될 때가 올 것입니다. 그것이 '구조주의가 지배적인 이데올로기였던 시대'의 종말입니다.

이 책을 그러한 구조주의 시대의 '종말의 시작'을 나타내는 징조의 하나로 봐주면 좋겠습니다. 그렇다고 구조주의의 종말을 앞당기기 위해 이 책을 쓰고 있는 것은 아닙니다. 이 책을 다 읽고 나면 아마 '시스템'이나 '차이' 등과 같은 말에 대해 넌덜머리가 날 테니까요.

세계를 바라보는 시선

9·11 동시다발 테러가 발생한 다음 미국에 의한 아프가니스탄 폭격이 시작되었습니다. 이때 많은 미디어들이 일방적인 미국의 입장이 아닌, 폭격을 당해서 집이 불타고 부상을 입고 살해된 아프가니스탄의 보통 사람들의 입장에서 이 전쟁을 생각하면 전혀 다른 풍경이 보일 것이라는 견해를 표명했습니다. 이러한 의견들은 신문의 사설이나 투고, 또는 지식인들과 정치인들의 인터뷰를 통해 개진되었습니다.

전쟁이나 내란, 권력투쟁에 대해 일방적인 관점을 가져서는 안 된다. 아프가니스탄 전쟁에 대해 미국 사람이 보는 풍경과 아프가니스탄 사람이 보는 풍경은 엄연히 다르기 때문이다, 라고 생각하는 것이 오늘날의 상식입니다. 그러나 이 상식은 사실 매우 '젊은 상식' 입니다. 물론 이런 생각을 하는 사람들은 당연한 말이지만 19세기에도 있었고 17세기 유럽에도 있었습니다. 좀 더 거슬러 올라가면 고대 그리스 시대에도 그런 사람들은 존재했습니다. 그러나 놀라울 정도로 소수였지요. 그런 사람 또는 그런 생각을 수용할 수 있는 사람이 국민의 다수를 넘어 '상식'이 된 것은 불과 20년 정도밖에 되지 않았습니다.

일례로 지금부터 30여 년 전, 미국은 베트남 전쟁에서 참혹한 패배를 경험했습니다. 그런데 당시 미국인 가운데 미국 사람이 보는 베트남 풍경과 베트남 사람이 보는 베트남 풍경이 다르다는 것을 머릿속에 떠올린 사람은 거의 없었습니다. 미국이 보기에 베트남은 한 나라가 공산화되면 인접 국가도 공산화된다는 '도미노 이론'이라는 세계 전략 속의 핵심적 '도미노' 중 하나에 불과했고, '살아 있는 몸을 가진 베트남 사람은 아시아에 대한 미국의 전략을 어떻게 생각할까?'라는 주제를 진지하게 고민한 정치가는 거의 없었습니다.

이로부터 다시 30년을 거슬러 올라가서 당시 '대일본제국' 신민에게 일본 사람이 보는 만주국과 중국 사람이 보는 만주국이 완전히 다르다는 생각은 전혀 '상식'이 아니었습니다. 중화민국 사람들의 만주국에 대한 생각을 존중하며 일본의 아시아 외교를 전개하고 입안해야 한다고 말한 일본인은 거의 없었던 것이죠.

우리 모두는 A국가 사람과 B국가 사람이 동일한 정치적 사건에 대해 다른 평가를 하는 것이 '사실'임을 이해하고 있습니다. 그러나 A, B 국민이 지닌 생각이 각기 '동등한 권리'를 가지고 있고,

어느 쪽이 옳은지 쉽게 판정할 수 없다는 의견을 공공연히 밝힌 사람은 20여 년 전까지만 해도 소수였습니다.

유럽도 사정은 크게 다르지 않습니다. 1950년대 알제리 전쟁이 일어났을 때 장 폴 사르트르는 '프랑스의 제국주의적인 알제리 지배'에 대해 엄격하게 단죄했습니다. 사르트르가 프랑스 사람들이 지닌 생각을 상대화한 것은 분명합니다. 그러나 사르트르는 '알제리 인민의 민족해방 전쟁은 옳다'고 말했을 뿐 프랑스 정부의 입장에 대해서는 공평한 배려를 하지 않았습니다.

국제적인 분쟁이 일어났을 때 서로 다투는 당사자 가운데 어느 한쪽에 '절대적 정의'가 있다고 생각하는 것이 당시의 '상식'이었고 사르트르는 그 '상식'에 대해 조금도 의심하지 않았습니다. 이 시기에 '프랑스와 알제리 어느 쪽이 더 정당한지 판정을 내리기 힘들다. 양쪽 모두 나름의 이유가 있고 양쪽 모두 잘못이 있다'라고 정직하게 말한 프랑스 지식인은 내가 아는 범위 내에서는 알베르 카뮈 한 사람뿐이었습니다. 이 일로 카뮈는 당시 거의 고립무원이 되었죠.

이것은 과연 무엇을 의미하는 걸까요?

'조지 부시의 반反 테러 전략에도 일리가 있지만 아프가니스탄의 시민들이 겪는 고통에 대해서도 고민해야 한다'는 것은 길에서 갑자기 텔레비전 인터뷰를 해야 하는 경우에 무난히 내놓을 수 있는 모범 답안입니다. 사람들은 판에 박힌 듯 같은 말을 합니다. 우리는 '일단 무난한 답'이라고 생각하고 있는 의견을 '상식'이라고 부릅니다. 그리고 이러한 의견이 '상식'이 된 것은 지극히 최근의 일입니다.

　세계에 대한 견해는 시점이 바뀌면 달라집니다. 따라서 하나의 관점만을 고집하며 '나는 다른 사람보다 바르게 세상을 보고 있다'라고 주장하는 것은 논리적으로 이치에 맞지 않습니다. 우리는 현재 그렇게 생각하며 살고 있습니다. 이러한 사고방식에 대해 비판적인 유효성을 알려준 것이 바로 구조주의입니다. 그리고 그것이 '상식'으로 등록된 것은 약 50년쯤 전인 1960년대의 일입니다.

　구조주의라는 것은 간단하게 말하면 다음과 같은 사고방식입니다.

　우리는 늘 어떤 시대, 어떤 지역, 어떤 사회집단에 속해 있으며 그 조건이 우리의 견해나 느끼고 생각하는 방식을 기본적으로 결정한다. 따라서 우리는 생각만큼 자유롭거나 주체적으로 살고 있는 것이 아니다. 오히려 대부분의 경우 자기가 속한 사회집단이 수용한 것만을 선택적으로 '보거나, 느끼거나, 생각하기' 마련이다. 그리고 그 집단이 무의식적으로 배제하고 있는 것은 애초부터 우리의 시야에 들어올 일이 없고, 우리의 감수성과 부딪치거나 우리가 하는 사색의 주제가 될 일도 없다.

우리는 스스로 판단하고 행동하는 '자율적인 주체'라고 믿고 있지만, 사실 그 자유나 자율성은 상당히 제한적이라는 사실을 철저하게 파헤친 것이 구조주의의 성과입니다.

마르크스의 지동설적인 인간관

우리의 사고와 판단에 도대체 객관성이란 있는 것일까?, 하고 물으며 반성했던 사람은 예부터 많았습니다. '세계가 다른 사람들의 눈에도 나의 눈에 보이는 것과 똑같이 보일까?' 또는 '나에게 자명한 일이 다른 사람에게도 동일한 확실성을 지닌 자명한 일일까?' 등의 회의는 철학의 출발점이기 때문에 플라톤, 데카르트, 칸트 등 모든 철학자들은 거기에서부터 각각의 철학을 펼쳤습니다.

그러나 이는 안락의자에 앉아 파이프 담배를 물며 펼치는 사변적인 것에 머무르고 말았습니다. 이러한 회의가 사색에 잠겨 있는 철학자의 일상생활 속에 실제로 반영되어 그 사람의 생활을 변화시키고 그 사람을 둘러싼 세계를 변화시키는 일은 좀처럼 일어나지 않았습니다.

그러나 '인간의 사고와 판단은 어떤 특수한 조건에 의해 성립되는가?'라는 의문을 깊이 파고들어 그것을 최초로 일상의 생활과 연결한 사람이 있습니다. 바로 카를 마르크스(1818~1883)입니다. 의외라고 생각할지도 모르겠지만 구조주의의 원류 가운데 하나는 마르크스입니다.

마르크스는 사회집단이 역사적으로 변화할 때 중요한 역할을 하는 요인으로서 '계급'에 주목했습니다. 그가 지적한 것은 인간이 '어느 계급에 속해 있는가?'에 따라 사고방식이 달라진다는 사실이었습니다. 이렇듯 계급에 따라 달라지는 사고방식을 '계급의식'이라고 합니다.

부르주아와 프롤레타리아는 단순히 생산수단을 갖고 있는가 그렇지 않은가라는 외형적인 차이로만 구별되는 것이 아닙니다. 그들은 생활하는 모습, 인간관, 세계관이 모두 다릅니다. 인간의 중심에 '인간 그 자체', 즉 보편적인 인간성이 깃들어 있다고 한다면 그것은 그 사람이 어떠한 신분으로 태어났는가와 어떠한 사회적 입장에 있는가, 남자인가 여자인가, 어른인가 아이인가 등에 따라 달라지지 않을 것입니다. 마르크스는 그러한 전통적인 인간관을 밀어냈습니다. 그는 인간의 개별성은 그 사람이 '누구인가?'가 아니라 '어떤 일을 하는가?'가 결정한다고 생각했습니다. '누구인가?'는 '존재하는 것'에 무게중심이 있는 반면 '어떤 일을 하는가?'는 '행동하는 것'에 무게중심이 있습니다.

'존재하는 것'은 주어진 상황 속에 그저 멈춰 있는 것으로, 자연적이고 사물적인 존재라는 입장에 만족하는 것입니다. 그러나 그것은 곧 '타락하는 길, 짐승이 되는 길'이나 다름없습니다. 마르크스는 이러한 입장을 헤겔로부터 배웠습니다. '중요한 것은 있는 그대로에 만족하지 않고 목숨을 걸고 도약해서 이루고 싶은 것을 이루는 것이다.' 이는 헤겔의 인간학을 거칠게 표현한 것입니다(이런 헤겔의 인간 이해는 마르크스주의로부터 실존주의를 경유해서 구조주의에 이르기까지 유럽 사상에서 일관되게 흘러왔습니다).

'보편적인 인간성이라는 것은 없다. 만약 있다고 하더라도 그것은 현실의 사회관계에서 '현재 상태의 긍정', 즉 '존재하는 것, 행동하지 않는 것'을 정당화하는 이데올로기로서만 기능할 뿐이다.' 마르크스는 이렇게 생각했던 것이지요. '인간은 행동을 통해서 무엇인가를 만들어내고 그 창조물이 그것을 만든 사람이 누구인지를 규정한다. 생산관계 속에서 '만들어내는 것'을 매개로 인간은 자기의 본질을 알아차린다'는 것이 마르크스의 기본적 인간관입니다.

동물은 단지 직접적이고 육체적인 욕구에 지배되어 생산하지만, 인간은 먹거나 마시거나 잠을 자는 직접적인 생리 욕구를 넘어서 사냥하고 채집하고 재배하고 교역하고 산업을 일으키고 계급을 만들고 국가를 세웠습니다. 인간이 동물로서만 살아가려고 했다면 불필요했을 일입니다. 인간이 이런 일들을 해낸 이유는 '만들어진 것'이 자신이 누구인지를 알려주기 때문입니다. 인간은 '스스로 창조한 세계 속에서 자기를 직관 합니다(『경제학·철학 초고』).

인간은 '생산=노동'을 통해서 무엇인가를 만들어내고 그렇게 제작된 물건을 매개로 해서 차후에 자기가 누구인가를 알게 됩니다. 우리가 투명인간의 형체를 알기 위해서는 그가 통과해 깨진 유리창의 상태를 봐야만 하는 것처럼 말입니다.

'만들어내는' 활동을 일반적으로 '노동'이라고 합니다. 마르크스는 노동을 통한 자기규정의 방정식을 헤겔로부터 계승했습니다. 헤겔에 따르면 '인간이 인간으로서 객관적으로 실현되는 것은 노동에 의해, 오직 노동에 의해서만' 가능합니다. 인간이 '자연적 존재자 이상의 것'이 되려면 인위적인 대상을 만든 후여야 합니다.

동물은 자연적 존재자인 상태로 만족하며 살아갑니다. 따라서 '내가 누구인가?' 또는 '내가 살아가는 의미는 무엇인가?' 같은 의문을 제기하지 않습니다. 동물도 인간처럼 존재의 결여를 느낄 수는 있겠지요(배가 고프다거나 생식의 욕구를 느낀다거나). 그러나 그 욕구의 대상은 자연적이고 생물적이며 물질적인 것에 한정되어 있습니다. 또한 욕구가 충족되면 곧바로 '소여所與로서의 자기'라는 깊은 만족감을 느낍니다. 즉 동물은 '있는 그대로의 자기'와 '무엇인가 되어야 하는 나'의 괴리감 사이에서 고민하는 일이 없습니다.

헤겔은 동물은 스스로에 대해 말하는 것, 그러니까 '나는 ○○이다'라고 말할 수 없다고 생각했습니다. 있는 그대로의 자기를 초월해서 자기를 자기 이상으로 높이겠다는 야심이 동물의 두뇌 속에는 없습니다(날 수 있는 방법을 습득한 고양이라든지, 나는 방법을 개선하려고 노력하는 갈매기를 묘사한 이야기는 있지만 그것은 작가가 만들어낸 우화에 불과합니다). 동물은 자기의식을 갖고 있지 않습니다.

헤겔이 말하는 '자기의식'이란 한마디로 일단 자기가 서 있는 위치에서 떨어져 그 자리를 되돌아보는 것을 의미합니다. 주어진 틀에서 벗어나 상상을 통해 마련된 전망 좋은 자리에서 땅 위의 자신과 주변의 사태를 조망하는 것입니다. 인간은 타자의 시선을 가지고 자기를 돌아볼 수 있지만 동물은 스스로의 시선에서 빠져나올 수 없기 때문에 자기를 대상화해서 직관할 수가 없습니다.

상상을 통해 새가 되어보면 알 수 있지만 지표에서 높게 날아오르면 오를수록 지상에 있는 나에 대한 정보는 증가합니다. 내가 어떤 공간적인 위치를 차지하고 있고 어떤 일을 하고 있는지, 무엇을 만들어내고 무엇을 파괴하는지, 무엇을 키우고 무엇을 부수고 있는지……. 상상으로 확보된 나와의 거리, 그것이 자기인식의 정확함을 보증합니다. 인간은 스스로 창조한 세계 속에서 자기를 직관한다는 마르크스의 말은 바로 이런 의미겠지요.

헤겔이나 마르크스 모두 '자기로부터의 괴리=조감적 시야'의 확보는 단순한 관상(홀로 안락의자에 앉아서 깊이 고민하는 것)이 아니라, '생산=노동'에 몸을 던짐으로써 타자와의 관계 속으로 들어갈 때에만 달성할 수 있는 것이라고 생각했습니다. 즉 노동하는 사람만이 '나는'이라는 말을 입에 올릴 수가 있다는 뜻입니다.

'생산=노동'에 의한 사회관계에 뛰어들기 전에는 본질이나 특성이 결정된 '내가' 존재하지 않습니다. '내가' 존재하기는 하겠지만 '나는 무엇인가'를 정의한다는 면에서 생각해보면 '나'는 결코 스스로를 직관할 수 없습니다. 왜냐하면 '나를 직관한다'는 것은 타인들 속으로 뛰어든 '나'를 풍경으로 조망할 때 비로소 얻을 수 있는 것이기 때문입니다(그것은 아이가 없는 사람에게 내재하는 '부모의 사랑'이나 제자를 갖지 않은 선생에게 내재하는 '스승의 위엄'과 같습니다. 잠재적으로는 있을지도 모르지만 현실의 인간관계에 실재하지 않는 이상 그것이 '정말로 존재하는가'를 검증할 수 있는 방법은 없습니다).

우리는 자기가 정말로 누구인가에 대해 자기가 만들어낸 것을 보고 사후事後에 고지를 받습니다. 내가 '누구인가'는 '생산=노동'의 관계망 속에서, 어느 지점에 있고 무엇을 만들어내며 어떤 능력을 발휘하고 어떤 자원을 사용하고 있는지에 따라 결정됩니다.

타인과 구별되는 한 개인으로서 현재의 자기가 과거의 자기와 같으며 미래의 자기와도 이어진다는 생각인 자기동일성을 확보한 주체가 먼저 존재하고, 이 자기동일성을 확보한 주체가 차례로 다른 사람들과 관계를 맺으면서 자기를 실현하는 것이 아닙니다. "관계망 속에 던져진 사람은 거기에서 만들어진 의미나 가치에 따라 자신이 누구인가를 회고적인 형태로 알게 된다. 주체성의 기원은 주체의 '존재'에 있는 것이 아니라 주체의 '행동'에 있다." 이것이 구조주의의 가장 근본이 되는 개념이며 모든 구조주의자들이 공유하고 있는 생각입니다. 또한 지금까지 살펴본 것처럼 헤겔과 마르크스로부터 20세기의 사고로 계승된 것입니다.

관계망 중심에 주관적이고 자기결정적인 주체가 있고 그것이 내가 의사를 결정하는 데 기본이 되어 전체를 통제하는 것이 아니라, 서로 연결된 관계의 매듭 안에서 주체가 '누구인가'가 결정된다는 생각을 '탈 중심화' 또는 '비 중추화'라고도 합니다.

중추에 고정적이고 정지적인 주체가 있어 그것이 상황을 판단하고 결정하고 표현하는 '천동설'적인 인간관에서, 중심을 갖지 않은 관계망을 형성하려는 운동이 있고 그 연결의 '얽힘'으로서 주체가 상정된다는 '지동설'적인 인간관으로의 이행. 그것이 20세기 사상의 근본적인 추세였다고 말해도 좋을 것입니다.

'무의식의 방'을 발견한 프로이트

구조주의의 원류에는 마르크스와 어깨를 나란히 한 또 한 명의 유대인 학자가 있습니다. 바로 지그문트 프로이트(1856~1939)입니다.

마르크스는 인간의 사고를 규정하는 요소로, 인간을 끌어들인 '생산=노동'의 관계에 주목했지만 프로이트는 이와 반대로 인간의 가장 안쪽에 있는 영역에 주목했습니다. 프로이트는 인간이 직접적으로 알 수 없는 마음의 활동이 인간의 생각과 행동을 지배한다고 생각했습니다. 본인은 직접적으로 알 수 없지만 그럼에도 그 사람의 판단과 행동을 지배하는 것, 이것이 '무의식'입니다.

프로이트는 자기가 경험한 임상 사례를 토대로 하여, 말이나 글을 틀리게 하는 행위나 건망증 같은 일상적인 행위에서부터 강박신경증, 히스테리에 이르기까지의 모든 심적 증상은, 그 배후에 환자 본인이 의식하게 되는 것을 두려워하는 무의식적인 과정이

잠재해 있다는 가설을 세웠습니다. 프로이트의 공헌은 깊은 곳에서 마르크스와 통하는 지점이 있습니다. 그것은 '인간은 자기 정신생활의 주인공이 아니다'라는 것이죠.

프로이트는 심리학의 목적을 '자아는 자기 집의 주인이 아니라, 마음속에 품고 있는 생각이나 감정 가운데 무의식에서 일어나는 일들을 아주 드물게 보고받고 있을 뿐'임을 증명하는 데에 있다고 적었습니다(『정신분석입문』).

마르크스는 인간이 자유롭게 생각하고 있는 것처럼 보이지만 실제로는 계급적으로 생각한다는 것을 간파했습니다. 프로이트는 인간이 자유롭게 생각하고 있는 것처럼 보이지만 실제로는 자기가 '어떤 과정을 거쳐' 생각하고 있는지를 모르는 채로 생각한다는 것을 간파했습니다. 자기가 어떤 과정을 거쳐 생각하고 있는지 사고의 주체를 모른다는 사실을 가장 선명히 드러내어 보여준 것이 프로이트가 분석한 '억압'의 메커니즘입니다.

어떤 심적 과정을 의식하는 것이 고통스럽기 때문에 거기에 대해 생각하지 않으려고 하는 것, 단순하게 말하면 그것이 억압입니다. 프로이트는 이 메커니즘을 '두 개의 방'과 그 사이의 문지방에 있는 '문지기'라는 탁월한 비유를 통해 설명했습니다.

'무의식의 방'은 다양한 심적인 활동이 펼쳐지는, 장터처럼 소란스러운 넓은 방입니다. 또 하나의 방인 '의식의 방'은 그보다 좁고 질서정연하며 더러운 것이나 위험한 것은 주도면밀하게 배제되어 있는, 손님을 맞이할 수 있는 살롱 같은 곳입니다. 그리고 두 방 사이의 문지방에는 문지기가 홀로 일을 하고 있는데, 그는 개개의 심적인 흥분을 검사하고 검열해서 마음에 들지 않는 일을 저지르면 살롱에 들어가지 못하게 합니다(『정신분석입문』).

프로이트는 이 문지기가 하는 일을 '억압'이라고 불렀습니다. 프로이트가 발견한 것은 첫째, 우리는 자기 마음속에 있는 것을 모두 의식할 수 없고, 의식화하는 것이 고통스러운 심적 활동은 무의식으로 밀려난다는 사실입니다. 우리의 '의식의 방'에는 문지기가 허가한 것만 들어갈 수 있습니다.

이 기제는 두 종류의 무지에 의해 구성되어 있습니다. 하나는 문지기가 도대체 어떤 기준으로 입실해도 되는지 안 되는지를 선별하는 것일까 하는 점으로, 우리는 그것을 알 수 없습니다. 다른 하나는 왜 문지기가 그곳에 있고 왜 검사를 하는가에 대해서입니다. 그 또한 우리는 알 수 없습니다. 나의 의식은 이 구조적인 무지에 의해 결정적인 방법으로 사고의 자유를 침해당하고 있습니다.

억압의 효과가 미치는 '무지'에 대해 알기 쉬운 예를 하나 들어보겠습니다. 교겐(狂言)(일본의 전통 연극 형식인 노(能)의 막간에 펼쳐지는 짤막한 소극(笑劇)이나 희극—옮긴이)에 나오는 「부스」라는 이야기입니다.

주인이 다로와 지로라는 두 사람에게 귀중품인 꿀단지를 맡기고 외출을 했습니다. 주인은 자기가 자리를 비운 사이에 두 사람이 꿀을 훔쳐 먹을지도 모른다는 생각에, 두 사람에게 꿀단지를 가리키며 그것이 '부스'라고 불리는 매우 위험한 독극물이니 절대로 가까이 해서는 안 된다고 강조했습니다.

처음 두 사람은 부스에서 불어오는 바람도 무서워 겁을 냈지만 차츰 호기심이 발동했습니다. 그들은 부스의 뚜껑을 열었습니다. 지로는 다로가 말릴 틈도 없이 그곳에서 나는 달콤한 향기에 이끌려 자기도 모르게 부스를 입에 댑니다. 그리고 부스가 꿀단지임을 알게 되었습니다. 두 사람은 날름날름 꿀을 먹기 시작했고 꿀단지는 순식간에 바닥이 나고 말았습니다. 그제야 상황을 깨달은 다로는 꾀를 내어 주인이 끔찍하게 아끼는 두루마리 족자를 찢고 그릇을 깨뜨렸습니다.

집에 돌아와 엉망이 된 집 안을 보고 깜짝 놀란 주인에게 다로가 이렇게 설명했습니다.

"주인님이 집을 비운 사이에 잠이 들어서는 안 되겠다고 생각하고 둘이서 씨름을 했습니다. 그런데 그만 그 와중에 집안의 귀중품을 이렇게 망가뜨리고 말았습니다. 이래서는 주인님을 볼 면목이 없다고 생각하고 둘이서 부스를 먹고 죽음으로써 사죄를 하려고 했습니다. 그런데 아무리 먹어도 죽어지지가 않아서……."

이 우스꽝스러운 이야기는 '억압'이 어떤 메커니즘인지를 제대로 설명해줍니다.

주인공은 다로입니다. 그의 앞에는 텅 빈 꿀단지, 깨지고 부서진 집안의 가보, 파랗게 질린 주인이 있습니다. 이것들은 다양한 심적 과정을 나타냅니다. 다로의 의식과 무의식 사이에는 '다로 전용의 문지기'가 앉아 있고, 그는 다양한 심적 과정의 단편 가운데 '의식화하는 것이 고통스러운 단편'은 다로의 살롱에 들어가지 못하게 합니다. 문지기는 이런저런 심적 과정 가운데 다로에게 불쾌하지 않은 정보만을 의식화할 수 있도록 허용하고 의식하면 불쾌해지는 심적 과정은 '무의식의 방'에 남겨둡니다.

눈앞에는 부서진 가보와 텅 빈 꿀단지가 있습니다. 이것을 다로는 '(명령을 준수하기 위한 씨름에 의한) 가보의 파괴에 책임을 느낀 자살 시도'라는 충성스러운 이야기로 편집합니다. 실제로 일이 발생한 순서와는 다르지만 어차피 모두 지나간 일이기 때문에 타임머신이 없는 한 다로가 진실을 말하고 있는지 거짓을 말하고 있는지 주인은 확인할 방법이 없습니다.

다로는 그런 생각을 한 것입니다. 무질서하고 산만한 '단편'이 그곳에 있을 때 거기에서는 어떤 이야기라도 만들어낼 수 있다, 자신이 창조한 이야기가 허위이고 주인이 상상한 이야기가 진실이라고 단정할 수 있는 증거는 어디에도 없다고.

그러나 다로의 완전범죄는 성공하지 못합니다. 교겐의 무대에서는 주인이 다로의 간계를 간파해 "잡히면 가만두지 않겠어!" 하고 뒤쫓으며 관객의 웃음과 함께 끝이 납니다. 어떻게 다로의 거짓

말이 순식간에 탄로 난 것일까요? 이것이 억압 메커니즘의 핵심입니다.

이 이야기에서 우리가 알아야 하는 것은 문지기가 무엇을 받아들이고 무엇을 거부했는가 하는 문제입니다. 다로의 문지기는 '어떤 심적 과정'의 수용을 거부했고 결과적으로는 그것이 다로의 실패로 연결되었기 때문입니다. 다로의 문지기가 입실을 거부하고 억압한 것은 다로가 거짓말쟁이에 충성스럽지 않다는 것을 주인이 알고 있다는 정보입니다.

다로는 스스로를 온갖 가능성을 고려하고 그것들을 능숙하게 다룰 수 있는 교활한 인간으로 생각했습니다. 그런데 그 다로가 '자기가 거짓말쟁이라는 것을 주인이 알고 있을' 가능성만은 염두에 두지 않았던 것이지요. 사실 우리는 이 다로의 구조적 무지에 대해 이야기가 시작될 때부터 알고 있습니다. 왜냐하면 주인이 꿀을 독이라고 말하며 속이려 했던 것부터가, 그렇게 말하지 않으면 다로가 곧바로 훔쳐 먹을 것이 틀림없다는 사실을 주인이 알고 있었다는 뜻이기 때문입니다. 다로가 충성스럽지 않다는 것은 이야기가 시작되는 처음부터 다로를 제외한 모두가 알고 있었습니다. 다만 다로만이 모두 그 사실을 알고 있다는 것을 모르고 있었을 뿐입니다.

왜 이런 일이 생겼을까요? 그것은 다로가 마음속으로 주인을 깔보고 있었기 때문입니다. 자기보다 우둔할 것이라 생각한 주인이 자신의 마음을 읽을 가능성은 없다고 생각한 것이죠. 주인이 자기보다 우둔했으면 '좋겠다'는 다로의 '욕망'이 영리한 그의 눈을 흐리게 만들었습니다. 즉 "'다로가 어떤 사람인지 주인은 알고 있다'는 사실을 다로는 모른다"라는 구조적 무지가 성립합니다. 이것이 '억압'이라는 기제의 마술적 장치입니다.

이 무지는 다로의 관찰력 부족과 부주의가 원인이 되어 생긴 것이 아닙니다. 오히려 다로는 거의 전력을 다해서 이 무지를 만들어내고 그것을 사수하고 있습니다. 무지한 상태가 유지되기를 절실히 욕망하는 것이지요.

우리는 살아 있는 한 반드시 억압의 메커니즘에 휩쓸리게 됩니다. 그리고 어떤 심적 과정에서 구조적으로 눈을 돌리게 된다는 것을 '모른다는 사실'이 우리의 개성이나 인격 형성에 결정적인 영향을 미칩니다.

다로의 거칠고 잔혹한 성격은 사실 그의 억압 효과 때문입니다. '다로가 사악한 인간이라는 것을 사람들은 알고 있다'라는 정보를 다로 스스로 못 보고 있다는 구조적인 무지야말로 다로의 사악한 인격의 성립을 가능하게 하니까요(당연한 말이지만 자신의 사악한 모습을 '모두가 알고 있다'는 것을 알게 되면 그것을 감추거나 고치는 등의 조치를 취할 것입니다).

우리는 자기가 개성이 풍부한 사람이며 독특한 방식으로 생각하고 느낀다고 믿지만 그 의식활동의 전체 과정에는 어떤 심적 과정에서 구조적으로 눈을 계속 돌리고 있는 억압의 편견이 늘 자리 잡고 있습니다.

우리는 자기가 누구인지 잘 알고 있다거나 이를 기초로 자유롭게 생각하거나 행동하고 욕망하는 것이 아닙니다. 이것이 구조주의 이전 시대에 마르크스와 프로이트가 알려준 사실입니다. 마르크스는 인간 주체가 자기가 누구인가를 '생산=노동'의 관계망 속 '행동'을 통해 사후에 알게 된다는 견해를 주장했고, 프로이트는 인간 주체가 '자기는 무언가를 의식화하고 싶어 하지 않는다'는 사실을 의식화할 수 없다는 견해를 주장했습니다.

이렇게 보면 시대가 흐름에 따라 인간적 자유와 주권의 범위는 점점 좁아지고 있는 듯합니다. 이제 이러한 흐름을 결정한 또 한 명의 사상가를 소개하겠습니다.

'억측에 의한 판단'을 비난한 니체

　　　　　　　　마르크스, 프로이트와 같은 시대를 살았던 사람 가운데 인간의 사고가 자유롭지 않다는 것, 인간은 대부분의 경우 외적 규범의 노예에 불과하다는 것을 열정적으로 외친 사상가가 있습니다. 프리드리히 니체(1844~1900)입니다.

　우리가 보기에 당연하다고 생각되는 것이 어떤 시대나 지역의 고유한 편견에 불과하다는 것을 니체만큼 격렬하게 비판한 사람은 이전에도 이후에도 없을 것입니다. 그의 기본적인 입장은 다음과 같이 집약할 수 있습니다.

　우리는 늘 우리에 대해 필연적으로 아무 관계가 없는 타인이다. 우리는 우리를 이해할 수 없다. 우리는 늘 우리를 잘못 해석할 수밖에 없다. '각자가 각자에게 가장 먼 사람이다'라는 격언이 영원히 적용될 뿐이다.—우리에 대해 우리는 결코 '인식자'일 수 없다. —『도덕의

『계보』에서

니체는 우리가 자기가 누구인지를 알 수 없다고 단언했습니다. 그것은 헤겔의 말에 따르면 '자기의식'을 갖는 것이 불가능한 존재라는 뜻이 됩니다(즉 동물과 같은 차원이라는 얘기입니다). 어떻게 해서 이런 가혹한 비판이 나왔을까요? 그 논리의 맥락을 정리해보겠습니다.

니체는 원래 고전문헌학자로 출발한 연구자였습니다. 고전문헌학이라는 학문은 연구자에게 특수한 마음가짐을 요합니다. 바로 과거의 문헌을 읽을 때 현재 자신이 지니고 있는 정보나 지식을 일단 '괄호 속에 넣어야' 한다는 점입니다. 그렇지 않고서는 현대인이 이해하거나 공감하기 힘든 감수성과 심성을 가치중립적인 방법으로 충실히 재현할 수가 없습니다.

니체는 아마도 서로 다른 정신의 활동에 편견 없이 공감하는 능력을 고전문헌학을 통해서 체득했을 것입니다. 그의 탁월한 공감 능력은 첫 작품인 『비극의 탄생』에 이미 잘 드러나 있습니다.

'예술의 발전은 아폴론적인 것과 디오니소스적인 것의 이중성과 관련이 있다'라는 유명한 말로 시작되는 이 그리스 문화론에서 니체가 목표로 한 것은 고대 그리스인이 느꼈을 공포와 도취를 그 스스로 자기 내부에서 만들어 추체험追體驗하는 것이었습니다. 『비극의 탄생』을 쓰고 있는 동안 니체는 거의 고대 그리스 사람이 되어 감격하고 전율했습니다.

예를 들면 니체는 『비극의 탄생』에서 그리스 비극의 코러스(합창단) 분석을 시도합니다. 보통 연극 관객은 어떤 경우라도 무대 위에서 연기되는 사건이 '사실이 아니'라는 것을 의식하고 있습니다. 그에 비해 그리스 비극에 등장하는 코러스는 이야기의 단순한 방관자가 아닙니다. 사건을 계속 주시하며 때로는 사건에 경악하고 개입도 합니다. 여기서 니체는 "코러스는 '이상적인 관객'이다"라는 주장을 음미하며 다음과 같이 말했습니다.

그리스인의 비극 합창단은 무대 위의 인물을 살아 있는 실제 인물로 생각해야만 했다. 오케아노스 딸들의 합창단은 거인 프로메테우스를 눈앞에서 실제로 보고 있다고 믿으며, 무대의 신은 자기 자신과 똑같이 실재하는 몸이라고 생각하고 있다. ―『비극의 탄생』에서

따라서 그리스 비극의 코러스는 등장인물처럼 무대 위의 드라마에 휩쓸려 소리치고 울고 웃으며 그 사건을 내부로부터 살려냅니다.

완전하고 이상적인 관객이란 무대 위의 세계가 미적으로가 아니라 육체적, 경험적으로 자기에게 영향을 미치게 한다고 가르치고 있다. 오, 이 그리스인들에 대해서는! ―『비극의 탄생』에서

이처럼 니체는 관객이 코러스를 매개자로 해서 비극이 지닌 '사물의 밑바닥에 있는 생명'을 다룰 수 있었다고 생각했던 것이지요. 사실 여부는 차치하고 매우 흥미로운 생각입니다. 왜냐하면 이 분석은 무대에 펼쳐지는 세계를 '살아 있는 육체를 가진 경험적인 것으로 느끼고 받아들인' 그리스 코러스의 감동을, 니체 스스로 '살아 있는 육체를 가진 경험적인 것으로' 느끼고 받아들인다는 '이중 구조'를 이루고 있기 때문입니다. 니체는 그리스 사람들의 이질적인 것에 대한 '공감의 방법'에 '공감'한 것입니다.

니체의 이런 생각이 꽤 독특한 접근 방법처럼 보일지도 모르겠습니다. 그러나 이는 사실 먼 시대, 먼 조상의 경험을 전승하기 위한 매우 정통한 방법입니다.

기예를 전승할 때 '스승을 보지 마라. 스승이 보고 있는 것을 보라'는 말을 자주 합니다. 제자가 스승을 보고 있는 한 제자의 시야는 '지금 자기'의 위치를 바꿀 수 없습니다. '지금의 자기'를 기준점으로 삼아 스승의 기예를 해석하고 모방하는 것에 만족한다면 기예는 대를 거듭할수록 낙후되고 변질될 것입니다(현재 많은 전통 기예가 이런 이유로 추락하고 있습니다).

추락을 방지하기 위해서는 스승 자체나 스승의 기예가 아니라 '스승의 시선', '스승의 욕망', '스승의 감동'에 초점을 맞추어야 합니다. 스승이 그 작업이나 기예를 통해서 '실현하라고 했던 것'을 사정거리에 둘 수 있다면, 그리고 자기의 제자에게도 그 심상을 전할 수 있다면 '지금의 내'가 보기에 어느 정도 이질적으로 보인다고 해도 '원초의 경험'은 오염되지 않고 현대에서 되살아날 수 있을 것입니다.

그리스 비극을 보고 감동을 받은 고대 그리스 사람들의 '감동의 방법' 그 자체에 감동했다는 '곱해진 감동'에 의해 니체는 '모든 문명의 배후에 끊이지 않고 살아남아 세대나 민족사가 여러 번 바뀌어도 영원히 변하지 않는'(『비극의 탄생』) 것을 다루려고 했습니다.

그것은 헤겔이 '자기의식'이라는 말로 주장하려고 했던 것과 별로 다르지 않습니다. 왜냐하면 '자기의식'이란 간단하게 말하면 '지금의 나'로부터 벗어나 상상적으로 규정된 이질적인 자리에서 자기를 돌아보는 것을 의미하기 때문입니다.

니체는 고전문헌학자로서의 경험을 바탕으로 다른 곳의 다른 문화 속에 있는 사람들의 신체적인 경험을 바로 '그 몸이 되어' 내부에서 상상적으로 추체험했습니다. 그리고 그것을 통해 '자기의식'의 획득 가능성을 모색했습니다. 먼 태고의 낯선 곳에 사는 사람의 몸속으로 편안히 들어가, 한계를 모르는 신체적인 상상력으로 증명된 지성만이 적절한 '자기인식'을 가능하게 한다는 사실을 통찰한 것입니다.

그렇다면 니체가 동시대인을 향해 '우리는 우리를 이해하지 못한다'라고 격렬하게 비판했던 것은 이처럼 편안한 지성의 움직임이 치명적인 방법으로 손상되어 있음을 의미합니다.

니체는 동시대인(원리적으로는 우리도 거기에 포함됩니다)이 '억측에 의한 판단'의 포로가 되고 말았다고 단정합니다. 니체의 동시대인, 즉 19세기 독일의 부르주아이며 그리스도교 신자였던 그들은 스스로 보기에 '자연스럽다'고 생각하는 가치판단이나 심미적 판단을 역사적으로 형성된 편견이나 속단이 아닌 인류 일반에게 보편적으로 타당한 것이라고 믿고 있었습니다. 그들은 어떤 특정한 시대의 특정한 지역에서 통용되는 고유의 편협하고 왜곡된 세계관에 사로잡혀 있었고 그것은 '세대나 민족사가 계속 변해도 영원히 불변한 것'이라고 믿고 있었습니다. 자기의식의 이 치명적인 결여 때문에 니체의 눈에는 그 동시대인들이 자기가 '누구인지'를 알지 못하고 자기가 어떤 방법으로 '생각하고' 있는지를 모르는 끔찍한 바보로 비쳐졌던 것이지요.

왜 이처럼 바보들이 19세기 말에 갑자기 많아진 것일까요? 니체의 계보학적인 사고는 그 역사적인 연원을 따지기 시작합니다. 간단히 말해 니체의 그 이후 모든 저작에 대해서는 '어떻게 해서 현대인은 이렇게 바보가 되었는가?'라는 큰 제목을 붙일 수가 있습니다.

그러면 니체의 도덕론을 통해 니체의 계보학적인 사고의 모습을 살펴보도록 하겠습니다.

니체는 도덕론에서 인간에게 의심할 여지없이 자명한 것이라고 생각되는 '선악'이라는 개념을 끄집어냅니다. 그리고 '선악' 개념이야말로 그 자체로 하나의 역사를 가지고 있다는 것을 밝혀내려고 합니다.

『도덕의 계보』는 다음과 같은 도발적인 물음으로부터 시작합니다.

우리의 선악은 과연 어떤 기원을 가지고 있을까? (중략) 인간은 어떤 조건을 토대로 선악이라는 가치판단을 생각해낸 것일까? 그리고 그들 가치판단 그 자체는 어떤 가치를 가지고 있는가? 그것들의 가치판단은 이제까지 인간의 진전을 저해해왔는가 아니면 촉진시켜왔는가?

선악의 관념, 그것은 우리가 보기에 의심할 여지가 없이 자명한 것처럼 생각되지만 니체는 그것을 의심합니다. '선악'이라는 가치기준은 언제 생겼을까? 무엇을 위해, 어떤 이익을 추구하기 위해서 생겼을까? 누가 발명했을까? 그리고 그 발명은 과연 인류에게 도움이 되었을까……?

'도덕이 무슨 도움이 될까?'
이것은 꽤나 도발적인 물음입니다. 그러나 이렇게 물은 것은 니체가 처음이 아닙니다. 이미 영국의 철학자들(토머스 홉스, 존 로크, 제러미 벤섬)에 의해 오랫동안 연구되어온 물음이었습니다. 선악의 관념은 각각의 사회집단이 지닌 역사적 조건에 따라 변화한다는 것에 대해 그들은 니체와 동일한 의견을 펼쳤습니다. 그렇다면 차이점은 무엇일까요?

당연한 말이지만 야생의 자연 상태에 있는 인간은 각각 '자기보존'이라는 순수하게 이기적인 동기에 의해 행동합니다. 공리주의자들은 모든 수단을 동원해서 이기적으로 행동하고 자기보존에 노력하는 것은 인간이 지닌 본래의 '권리'라고 생각했습니다(이 권리를 자연권이라고 합니다). 그러나 모두가 자연권을 행사하면 자기가 원하는 것을 타인에게 빼앗아도 좋다는 말이나 다름없기 때문에 인간들은 끝없는 전투 상태에 놓이게 됩니다. 홉스는 이 상황을 '만인의 만인에 대한 투쟁'이라는 말로 표현했습니다.

그러나 전원이 전원을 적으로 삼는 '배틀 로얄battle royale' 상태에서는 자기의 생명과 재산을 안정적으로 확보하는 것이 매우 힘듭니다. 자연권의 행사가 허용된 사회에서는 일부의 압도적인 강자를 제외한 대부분의 개인이 소기의 자기보존, 자기실현의 욕망을 이룰 수 없게 됩니다. 즉 자연권 행사의 전면적인 승인은 자연권의 행사를 불가능하게 만든다는 모순을 낳게 됩니다.

그 때문에 사람들은 일단 자연적인 욕구를 단념하고 사회계약에 기초해서 창설된 국가에 자연권의 일부를 위임하는 편이 결과적으로 사리사욕의 달성을 위해 확실한 방법이라는 판단을 하기에 이릅니다. 이것이 공리주의자에 의해 상상된 '도덕의 계보학'입니다(정말로 그랬는지 어땠는지는 잘 모릅니다).
존 로크는 이렇게 말했습니다.

인간들이 공동체를 구성하고 하나의 정부에 복종할 때 그들이 서로 인정한 가장 중요하고 근본적인 목적은 자기들의 사유재산을 보전하는 것이었다. 왜냐하면 자연 상태에서는 사유재산의 확보를 위해 너무나 많은 것을 잃어야 하기 때문이다. ―『통치론』에서

법률이나 도덕, 재판, 법적 제도가 없는 상태에서는 사유재산을 확보하는 것이 쉽지 않습니다. 사람들은 사유권을 보전하기 위해 사유권의 일부를 제한하는 것을 수용했습니다. 즉 타인의 것을 완력을 발휘해서 빼앗는 것은 '해서는 안 되는' 일이 되었습니다. '해야 할 일과 해서는 안 되는 일'이라는 선악의 규범이 성립한 것이지요.

그러나 그 도덕률은 어디까지나 '사유재산의 보전, 개인의 자기보존, 자기실현', 그러니까 '자연권의 최대의 행사'를 목적으로 만들어진 것에 불과합니다. 선악의 규범 그 자체에 어떤 보편적인 의미나 인간적인 가치가 있었던 것은 아닙니다. 이기주의를 철저하게 추구하면 언젠가 '이타주의altruism'에 이르게 된다는 것이

공리주의의 도덕관입니다.

그렇다면 니체의 도덕관은 다소 냉소적인 공리주의적 도덕관과 어디가 어떻게 다른 것일까요?

공리주의자와 니체의 가장 큰 차이점은 '시대가 다르다'는 것입니다. 그들이 살던 시대가 다르다는 말이 아닙니다(공리주의의 철학을 집대성한 존 스튜어트 밀과 니체는 거의 비슷한 시기에 살았습니다). 밀은 '근대 시민사회'를 고찰했고 니체는 '현대 대중사회'를 고찰했습니다. 밀은 사라지고 있는 사회를 회고적으로 해명했고 니체는 출현하고 있는 20세기의 대중사회를 예언적으로 비판했습니다. '시대가 다르다'는 것은 바로 이를 가리킵니다.

니체의 도덕관은 '대중사회의 도덕론'이라는 점에서 획기적인 것이었습니다. '대중사회'가 무엇인지를 정의하지 않으면 니체의 독창성을 이해하기 어렵기 때문에 이에 대한 정의부터 시작하도록 하겠습니다.

니체에 따르면 대중사회란 구성원들이 무리를 이루어 오로지 '이웃 사람과 똑같이 행동하는' 것을 가장 우선적으로 배려하는 것이 바탕이 되는 사회를 가리킵니다. 비판이나 회의 없이 전원이 눈사태를 피해 달려가듯 동일한 방향으로 가게 되는 것이 대중사회의 특징이지요(니체가 예견한 이 사회는 30년 후에 스페인의 철학자 오르테가 이 가세트(1883~1955)의 『대중의 반역』에서 생생하게 나타납니다). 니체는 이러한 비주체적인 군중을 밉살스럽다는 듯이 '짐승의 무리Herde'라고 이름 붙였습니다.

짐승의 무리가 지닌 단 하나의 행동 준칙은 '타인과 동일하게 행동한다'는 것입니다. 짐승의 무리는 누군가 특별하거나 탁월한 것을 싫어합니다. 짐승의 무리가 지닌 이상은 '모두 동일하게'입니다. 그것이 짐승의 무리가 지닌 도덕이 됩니다. 니체가 비판한 것은 이것입니다.

짐승의 무리가 지닌 도덕은 무엇보다 사회의 균질화를 지향합니다. '만인이 평등한 것'이야말로 이들의 도덕에서 가장 빛나는 이상입니다. 따라서 사람들은 '마음을 하나로 해서 모든 특수한 요구, 모든 특권과 우선권에 대해 완강하게 저항'하고 '동등하게 동고동락하고, 같은 종교를 신봉하고, 느끼고 살고 고민하는 한 모든 것에 동정同情'할 수 있게 됩니다(『도덕의 계보』).

이런 식으로라면 모두 비슷한 얼굴을 하고, 비슷한 생각을 하고, 비슷하게 느끼게 됩니다. 그리고 개체의 차이를 식별하기 어려운 흐물흐물한 '덩어리mass'가 생성됩니다.

'모두가 동일하게'를 목적으로 하는 짐승의 무리들이 지닌 도덕도 어떤 의미에서는 공리적입니다. 그렇지만 그것은 로크나 홉스가 생각했던 공리주의와 상당히 거리가 있습니다. 시민사회의 이기적 시민들이 자연권의 일부를 국가에 위임한 것은, 그들이 '어떻게 행동해야 가장 큰 이익을 얻을까?'라는 물음에 대해 최적의 판단을 내릴 수 있을 만한 지성을 지니고 있었기 때문입니다. 이기

주의의 제한은 이기적 동기를 기반으로 한 합리적인 판단을 내릴 수 있는 시민들에 의해 비로소 주체적으로 받아들여지게 된 것입니다.

'사유권의 제한이야말로 결과적으로 개인적 이익의 확보와 연결된다'는 것을 사회의 구성원들이 (합리적인 추론 능력의 결여 때문에) 알아차리지 못한다면 공리주의적 도덕은 성립할 수 없습니다.

그러나 짐승의 무리에는 조리 있는 추론이 존재하지 않습니다. 짐승의 무리는 (그 정의에서 볼 때) 주체적인 판단을 할 수 없기 때문입니다. 짐승의 무리가 가진 관심은 어떻게 해서 '균질적인 무리'를 유지할 것인가에 쏠려 있습니다. 이를 위해서는 구성원 전원이 이웃 사람과 동일한 판단, 동일한 행동을 해야 할 필요가 있습니다. 공리주의적 시민사회에서는 시민들이 주판을 튕겨서 계산한 '결과'로서 전원의 결단이 일치했지만 짐승의 무리에서는 전원이 일치하는 것 자체가 '목적'이 되고 맙니다.

바로 여기에서 짐승의 무리를 위한 도착적倒錯的인 도덕이 탄생합니다.

왜 '도착적'이라는 말을 썼는가 하면 짐승의 무리는 어떤 행위가 도덕적인지 아닌지에 대한 판단을 그 행위에 내재하는 가치나 그 행위가 그에게 가져다줄 이익이 아니라 단순히 '다른 사람과 동일한지 아닌지'를 기준으로 결정하기 때문입니다.

타인과 동일하면 '선', 다르면 '악'이 됩니다. 그것이 이들이 지닌 도덕의 유일한 기준입니다. 이러한 짐승의 무리는 우리 시대에 대중이 보여주는 존재양태에 그대로 들어맞습니다.

이제껏 강한 힘에 굴복해서 짐승의 무리가 된 사회집단은 역사적으로 여러 차례 존재했습니다. 그러나 근대의 짐승의 무리는 그것과는 결정적으로 다릅니다. 왜냐하면 현대인은 '모두가 동일하게' 되는 것 자체에서 '행복'과 '쾌락'을 찾아내려고 하기 때문입니다.

상호참조하며 이웃 사람을 모방하고 집단 전체가 한없이 균질화되어가는 것에 깊은 희열을 느끼는 인간들에게 니체는 '노예 Sklave'라는 이름을 붙였습니다. 니체의 후기 저작에는 이 노예적 존재자에 대한 매도와 조소의 말이 넘쳐납니다.

한편 니체의 도덕론이 지닌 가장 큰 특징은 이 초라한 대중사회에서 벗어나는 유일한 방책으로 '노예'의 대칭에 있는 '귀족'을 세상을 구할 영웅으로 묘사한다는 점입니다.

'귀족'이란 대중사회의 모든 결함에서 완전히 자유로운 무구하고 고상한 존재입니다. 인류의 미래를 맡길 수 있는 유일한 존재입니다. '노예'가 상호모방의 포로라고 한다면 '귀족'은 자기의 외부에서 참조할 항목이 없는 자립자입니다. '외계를 필요로 하지 않는 사람'이자 '행동하기 위해 외적 자극을 필요로 하지 않는 사람'이 바로 니체가 말하는 '귀족'입니다.

'귀족'의 행동은 (공리주의적인 시민처럼) 숙고한 끝에 이루어지는 것도 아니고 ('노예'처럼) 외부에 대한 굴복도 아닙니다. '귀족'은 무엇보다도 무구하며 직접적이고 자연발생적으로 자기 내부에서 치밀어 오르는 충동에 자기의 몸을 완전히 맡기는 사람입니다.

기사적·귀족적인 가치판단의 전제가 되는 것은 강렬한 육체, 싱싱한 젊음, 풍부함, 거품이 넘쳐흐르는 듯한 건강, 그리고 이들을 유지하기 위해 필요한 여러 조건, 즉 전쟁이나 모험, 사냥, 무도, 투기, 그 밖에 일반적으로 자유롭고 쾌활한 활동을 포함한 모든 것이다. 모든 귀족 도덕은 의기양양한 자기긍정에서 생긴다. ―『도덕의 계보』에서

이 '귀족'을 극한까지 끌어올린 것이 '초인'입니다.
'초인'은 '인간을 초월한 포지션'을 가리킵니다. 아래를 내려다보면 인간이 원숭이로밖에 보이지 않는 높은 경지입니다. 그러나 구체적으로 '초인'이 도대체 누구를 가리키는지 또한 어떻게 하면 '초인'이 될 수 있는지에 대해서 니체는 구체적으로 제시한 것이 별로 없습니다.

나는 너희에게 초인을 가르친다. 인간은 초극超克되어야만 할 그 무엇이다. 너희는 인간을 초극하기 위하여 무엇을 하였는가? 이제까지 모든 존재는 자기를 능가하는 무엇인가를 창조해왔다. 너희는 그 위대

제1장 구조주의 이전의 역사 57

한 조수의 썰물이 되길 원하며 인간을 초극하기보다 오히려 짐승으로 되돌아가고자 하는가? 인간에게 원숭이란 어떤 것인가? 하나의 웃음거리 또는 괴로운 수치이다. 그리고 초인에겐 인간 또한 바로 그러할 것이다. 하나의 웃음거리 또는 괴로운 수치인 것이다. ―『차라투스트라는 이렇게 말했다』에서

보다시피 니체는 '초인'이란 '이런 것이다'가 아니라 '이런 것이 아니다'라고 말했을 뿐입니다. 어쩌면 '초인'은 구체적인 존재자가 아니라 '인간의 초극'이라는 운동성 그 자체인 듯합니다. 다시 말해 '초인'이란 '인간을 뛰어넘은 그 무엇'이라기보다는 '짐승의 무리와 같은 존재자=노예'라는 것에 고통을 느끼고 부끄러워하는 감수성, 그 상태에서 벗어나려고 하는 의지라고 생각합니다. 니체는 다음처럼 말하고 있습니다.

인간은 짐승과 초인 사이에 매어진 하나의 밧줄―심연 위에 매어진 하나의 밧줄이다. 저쪽으로 건너가기도 힘들고 가는 도중에도 위험하고 뒤돌아보는 것도 위험하다. 인간의 위대한 점은 인간은 다리이지 목표가 아니라는 점이다. 인간이 사랑받을 수 있는 점은 그가 하나의 과도이며 몰락이라는 점이다. ―『차라투스트라는 이렇게 말했다』에서

니체는 '초인 도덕'을 주장했다고 알려져 있는데 사실 '초인이란 누구인가?'라는 물음에 대해서는 대답하지 않았습니다. 그는 '인간이란 무엇인가?'에 대해서만 말했을 뿐입니다. 인간이 어떻게 추락하고 얼마나 우둔한가에 대해서만 불을 토하듯 웅변했습니다. 즉 '초인이란 무엇인가?'라는 문제는 늘 '인간이란 무엇인가?'라는 문제로, '귀족이란 누구인가?'라는 문제는 '노예란 누구인가?'라는 문제로, '고귀함이란 무엇인가?'라는 문제는 '비천함이란 무엇인가?'라는 문제로 바꾸어 말했습니다.

니체에게는 이 '바꿔치기'가 사고의 '지문指紋'이자 치명적인 결함인 듯 보입니다. 왜냐하면 이런 식으로 '말을 바꾸게' 되면 결국 인간을 고귀한 존재로 고양시킬 추진력을 확보하기 위해서는 인간에게 혐오를 불러일으켜 거기에서 벗어나기를 열망하게 만드는 '혐오스러운 존재자'가 반드시 필요하다는 도착적인 결론이 유도되고 말기 때문입니다.

니체는 무엇인가를 격렬하게 혐오한 나머지 거기에서 벗어나고 싶다고 열망하는 것을 '거리의 파토스Pathos der Distanz'라고 불렀습니다. 그리고 그 혐오감이 바로 '자기초극의 열정'을 제공해줍니다. 따라서 '초인'으로 향하려는 의지에 활력을 주기 위해서는 추악한 '짐승의 무리'가 거기에 모여서 혐오감을 불러일으켜 주어야만 합니다. 자기의 '고상함'을 자각할 수 있기 위해서는 늘 참조 대상이 되는 '저급함'이 존재해야 한다는 말이지요.

결국 자기초극의 향상심을 계속 지니고 있기 위해서는 '거기에서 벗어나야만 하는 그 장소'인 혐오스러운 '영원한 짐승의 무리'를 확실하게 고정시켜서 '언제라도 불러낼 수 있는 상태'로 만들어야 한다는 이야기입니다. 초인이 되고자 하는 자는 자기의 '고상함'을 관측하는 기준점으로 '웃기는 원숭이'인 '영원한 천민'을 지명하여 몸을 움직이지 못하게 사슬로 묶어놓아야 하는 것이죠.

니체의 초인 사상이 마지막으로 도착한 곳은 초라하고 폭력적인 반反유대주의의 프로파간다였습니다. 히틀러의 망상을 자극했던 것이지요. 니체는 자기가 죽은 뒤에 초인 사상이 전 세계에 재앙을 몰고 올 것이라고 상상도 하지 못했을 것입니다.

니체의 사상적 업적을 간략하게 요약해보았는데 마이너스 유산인 '초인 사상'을 포함해서 우리 시대가 니체로부터 물려받은 유산이 적지 않습니다.

무엇보다 먼저 거론할 수 있는 것으로 과거 어떤 시대의 사회적 감수성이나 신체 감각과 같은 것은 '지금'을 기준으로 해서는 파악할 수 없다는 것과 과거나 이방의 경험을 내부에서 살리기 위해서는 치밀하고 철저한 기초 자료와 대담한 상상력, 그리고 편안한 지성이 필요하다는 것입니다. 나는 이 점에서 니체의 의견에 완전히 찬성합니다.

이 생각은 훗날 '계보학적' 사고라는 이름이 붙게 되고 미셸 푸코에 의해 계승되었으며 푸코를 경유해서 학술적 방법으로 정착하게 됩니다. 푸코는 또한 니체로부터 '대중 혐오'의 경향을 그대로 계승했습니다. 그 덕분에 현대 대중사회에서는 대중이 '대중은 싫어'라고 입을 모아 말하게 되는 '포스트대중사회'의 광경이 펼쳐지게 됩니다.

우리 시대는 니체로부터 곤란한 유산도 물려받았지만, 인간 지성의 일부분만큼은 일종의 '혐오감'을 추진력으로 해서 운동한다는 것은 틀린 말이 아닙니다. 그렇다면 거기에서 우리가 끄집어낼 수 있는 지적 자산은 결코 적지 않겠죠.

제2장
창시자 소쉬르의 등장

언어는 '사물의 이름'이 아니다

　　　　　　마르크스, 프로이트, 니체. 이 세 사람은 구조주의의 '땅고르기'에 큰 역할을 했습니다. 그러나 이 세 사람은 딱히 구조주의만을 준비한 것은 아닙니다. 20세기에 제창된 학술 방법 가운데 마르크스, 프로이트, 니체의 영향을 전혀 받지 않은 사람이 없기 때문입니다. 이 세 사람은 20세기 지식의 틀 자체를 준비했기 때문에 당연한 말이지만 구조주의가 태어난 풍토의 형성에도 깊이 관여를 했습니다. 그렇지만 그들을 '구조주의의 직접 연원'이라고 말할 수는 없습니다. 좁은 의미에서 직접적으로 구조주의의 연원이 되는 사람은 이들과 다른 별개의 인물입니다.
　　프로이트가 빈에서 정신분석 강의를 하고 있던 시기와 거의 비슷한 때, 그러니까 1907년부터 1911년까지 스위스의 제네바 대학에서 한 명의 언어학자가 소수의 언어학자와 언어학을 전공하는 학생들을 앞에 두고 '일반언어학 강의'라는 전문적인 강의를 하고 있었습니다.

이 언어학자 페르디낭 드 소쉬르(1857~1913)가 사상사적으로는 구조주의를 시작한 사람입니다.

그런데 이렇게 말하고 곧바로 정정하는 것도 쑥스러운 일이지만 소쉬르가 구조주의의 '진정한 아버지'인지에 대해서는 여러 다른 주장이 있습니다. 소쉬르는 그 이전의 언어학자나 고전파 경제학자들이 이미 알아차리고 있던 것을 체계적으로 정리했을 뿐이라는 지적도 있습니다. 그러나 이 논의에 깊이 들어가면 일이 커지기 때문에 '정석'에 따라 이 책에서는 일단 소쉬르를 '구조주의의 아버지(라고 불리는 사람)'로 인정하고 이야기를 진행하겠습니다.

소쉬르의 언어학이 구조주의에 안겨준 가장 중요한 견해를 하나만 든다면 "언어는 '사물의 이름'이 아니다"라는 것입니다(그 외에도 소쉬르는 여러 가지를 지적했지만 가장 중요한 것 하나만 보겠습니다). 그리스 이후의 전통적인 언어관에 따르면 언어는 '사물의 이름'입니다. 그 전형적인 예는 성경에서 찾아볼 수 있습니다.

하느님이 흙으로 각종 들짐승과 공중의 각종 새를 지으시고 아담이 어떻게 이름을 짓나 보시려고 그것들을 그에게로 이끌어 이르시니 아담이 각 생물을 일컫는 바가 곧 그 이름이라. —「창세기」 2장 19절

아담 앞에 들짐승들이 나타납니다. 아담은 '자, 이것은 소, 이것은 말, 이것은 개'라는 식으로 이름을 붙여줍니다. 먼저 '사물'이 있었고 다만 이름이 아직 없기 때문에 인간이 형편에 맞추어 이름을 붙이는 것, 그것이 언어의 작용이다, 라는 것이 「창세기」에 피력된 언어관입니다. 소쉬르는 이것을 '명칭목록名稱目錄적인 언어관'이라고 불렀습니다.

이 명칭목록, 즉 '카탈로그'로서의 언어관은 우리에게 사물의 이름은 인간이 제멋대로 붙인 것으로 사물과 그 이름은 특별한 필연성으로 결합되어 있는 것이 아님을 가르쳐줍니다. 우리말로 '개'라고 부르는 것을 영어로는 'dog', 프랑스어로는 'chien', 독일어로는 'Hund'라고 부르는 것처럼 사물을 부르는 방식은 언어 공동체마다 자유로우며, 어떤 명칭이 가장 옳은가와 같은 문제 제기는 성립하지 않습니다. '사물의 이름은 인간이 제멋대로 붙인 것이다'라는 것이 '카탈로그 언어관'의 기본이 되는 가르침입니다. 이 주장은 누구라도 쉽게 납득할 수 있습니다.

그러나 이 언어관은 약간 문제가 있는 전제를 가지고 있습니다. 그것은 '이름이 있기 전부터 사물은 이미 존재했다'라는 전제입니다. 우리의 일반적인 생각도 이와 다르지 않습니다. "둥글고 털이 복슬복슬한 동물이 거기 '있었기' 때문에 아담이 '양'이라는 이름을 붙인 것"이라고 말입니다.

그러나 정말 그랬을까요? 아담이 이름 붙여주기를 기다리던

'사물'은 실재하고 있던 것이라고 말할 수 있을까요? 소쉬르의 생각은 조금 다릅니다. 이름이 생기고 비로소 사물이 그 의미를 확정하는 것이라면 명명되기 이전의 '이름을 갖지 못한 것'은 실재하지 않는다는 게 그의 생각입니다.

소쉬르는 '양'을 예로 들었습니다. 이와 관련된 부분을 인용해 보겠습니다.

> 프랑스어의 '양mouton'이 영어의 '양sheep'과 의미는 같으나 가치는 같지 않을 수 있다. 이는 여러 가지 이유 때문인데, 특히 요리되어 식탁에 놓인 한 점의 고기에 대해 영어에서는 'mutton(양고기)'이라고 말하지 'sheep'이라 하지 않기 때문이다. sheep과 mouton 사이의 가치 차이는 전자가 제2의 용어에 병존하는 데 비해 프랑스 낱말의 경우는 그렇지 않다는 사실에 기인한다. (중략) 만약에 낱말이 미리 주어진 개념을 표시하는 역할을 한다면 각 언어마다 하나의 의미에 해당하는 정확한 대응어가 있을 것이다. 그런데 사실은 그렇지 않다. 모든 경우에서 우리가 포착하는 것은 이미 주어진 개념이 아니라 체계에서 우러나는 가치이다. 가치가 개념에 해당한다고 말함으로써 사람들이 암시하는 바는 개념이 순전히 이화적異化的이라는 것, 즉 그 내용에 의해 적극적으로 정의되지 않고, 체계 내의 다른 사항들과의 관계에 의해 소극적으로 정의된다는 것이다. 개념의 가장 정확한 특징은 그것이 다른 어떤 개념도 아닌 바로 그 개념이라는 데 있다.

—『일반언어학 강의』에서

'양'은 프랑스어로 mouton이라고 부릅니다. 영어에는 프랑스어의 mouton에 대응하는 명사가 두 개 있습니다. 하나는 sheep입니다. 이것은 하얗고 털이 복슬복슬한 생물이고, 다른 하나인 mutton은 식탁에 올라가는 양고기입니다. 영어에서는 살아 있는 양과 먹는 양이 별개의 '사물'이지만 프랑스어에는 하나의 말 속에 두 가지 '사물'이 포함되어 있습니다. 엄밀하게 말하면 프랑스어의 mouton에 상응하는 포괄적인 명칭은 영어에 존재하지 않고, 이와 반대로 프랑스어에는 '동물로서의 양'이나 '음식으로서의 양'만을 의미하는 말이 존재하지 않습니다.

일본어와 영어의 경우에도 동일한 일이 발생합니다.

영어의 'devilfish[악마의 물고기]'는 '가오리'와 '문어'를 모두 포함한 개념입니다. 영어에는 '가오리'를 가리키는 manta라는 단어가 있고 '문어'는 octopus라는 이름이 있습니다. 따라서 영어로 말하는 사람은 두 물고기를 형태적으로는 잘 구분합니다. 그러나 이 두 종류의 물고기를 한꺼번에 '혐오스러운 생물'이라는 의미로 사용할 때에는 하나의 개념으로 정리를 하기도 합니다. 이러한 포괄적인 명칭은 일본어에 없기 때문에 '악마의 물고기'라는 생물은 영어로 말하는 사람의 의식에만 존재할 뿐 일본인이나 일본어로 사고하는 한 개념화할 수 없는 기괴한 생물이 되고 맙니다.

다카시마 도시오는 한자와 일본어 사이에서 동일한 일이 일어난다는 것을 지적했습니다.

우리는 현재 '天氣(날씨)'라는 말을 일상에서 자주 사용하는데 이 天氣라는 말도 본래 일본어가 아니었다. 이것도 개괄적이고 추상적인 언어이다. 마찬가지로 春(춘), 夏(하), 秋(추), 冬(동)이라는 말도 그렇다. 그러나 그것들을 추상한 '季節(계절)'은 없다(일본어로 한자어인 춘하추동이 아닌 봄·여름·가을·겨울에 해당하는 말이 있지만 계절을 뜻하는 일본어는 없다는 의미임).
또는 눈에 보이는 '空(하늘)'은 있다. 그러나 만물을 주재하고 운행을 담당하며 개인과 집단의 운명을 지배하는 추상적인 '天(천)'에 해당되는 일본어는 없다. 게다가 이 天이라는 말은 단지 추상적인 것에 머무르지 않고 이 관념을 낳은 종족의 사상―즉 사물에 대한 사고, 세계와 인간에 대한 이해 방법―을 짙게 포함하고 있다.
개념이 있기 때문에 말이 있다. 거꾸로 말하면 말이 없다는 것은 개념이 없다는 것을 뜻한다. ―『한자와 일본인』에서

말뜻의 일부가 중복되어 있기 때문에 동의어라면 동의어라고 할 수도 있겠지만 포함하고 있는 의미의 두께와 깊이가 다른 탓에 외국어로 번역할 때 오해를 불러일으키는 일이 종종 일어납니다. 예를 들면 영어의 several이라는 말은 대개 '5, 6' 정도로 생각되기

때문에 several years는 대체로 '몇 년'으로 번역을 하는데 실제로 several은 2가 되는 경우도 있고 10 이상이 될 때도 있습니다.

이처럼 말에 포함되어 있는 의미의 두께와 깊이를 소쉬르는 '가치valeur'라고 불렀습니다(valeur는 흔히 '가치'라고 번역되고 signification(말뜻)과 구별합니다). several과 '5, 6'은 '말뜻'에서는 대개 겹치지만 '가치'는 미세하게 다릅니다. '하늘'과 '천天', 'mouton'과 'sheep'과 마찬가지입니다. 어떤 말이 지닌 '가치', 즉 의미의 폭은 그 언어 시스템 속에서 어떤 말과 인접한 다른 말과의 차이에 의해 규정됩니다. 만약 어떤 말이 포함한 의미의 폭에 정확하게 들어맞는 것을 '사물'이라고 부른다면 '말'과 '사물'은 동시에 탄생할 수 있습니다.

devilfish라는 사물은 그와 같은 말을 가진 언어 시스템에서 세계를 바라보고 있는 사람들의 의식에만 존재하고 그 말을 갖지 못한 언어 공동체에는 존재하지 않습니다. 그것은 별자리를 볼 줄 모르는 사람에게 밤하늘의 '별'은 '별'로 보일 뿐이지만 별자리를 잘 아는 사람에게는 하늘 곳곳에서 '곰'이나 '사자', '백조', '전갈'이 보이는 것과 비슷합니다.

검은 하늘을 배경으로 흩어져 있는 수많은 별 사이의 어딘가에 선을 긋고 어느 별과 어느 별을 연결할지 정하는 것은 보는 사람의 자유입니다. 그리고 그 선을 긋고 별을 연결한 사람은 확실한 '사물의 형태'를 찾아낼 수 있습니다. 그러나 두 사람이 나란히 별자리를 보고 있을 때 자주 경험하는 것처럼, 보이는 사람에게는 또렷하게 보이는 별자리가 별자리를 모르는 사람에게는 잘 보이지 않습니다.

소쉬르는 언어활동이 별자리를 보는 것처럼 원래 선이 그어져 있지 않은 세계에 인위적으로 선을 긋고 별자리를 정하듯 정리를 하는 것이라고 생각했습니다.

> 심리적으로 보아 우리의 사상은 낱말을 통한 그 표현을 빼면 형태 없고 불분명한 덩어리에 불과하다. 기호의 도움 없이는 두 개념을 분명하고 한결같은 방법으로 구분할 수 없다는 데에 철학자와 언어학자들은 항상 의견을 같이했다. 사상은 그 자체로 보면 하나의 성운星雲과 같아서 그 속에 필연적으로 구분되어 있는 것은 아무 것도 없다.
> ―『일반언어학 강의』에서

언어활동이란 '모두 분절되어 있는 것'에 이름을 붙이는 것이 아니라 밤하늘의 별을 보며 별자리를 정하는 것처럼 비정형적이고, 성운 모양을 한 세계를 쪼개는 작업 그 자체입니다. 어떤 관념이 먼저 존재하고 거기에 이름을 붙인 것이 아니라 이름이 붙으면서 어떤 관념이 우리의 사고 속에 존재하게 된 것입니다.

경험은 언어에 의해 규정되는 것

다카시마가 말한 것처럼 말은 늘 '그 관념을 낳은 종족의 사상—즉 사물에 대한 사고방식, 세계와 인간에 대한 이해 방법—을 짙게 포함하고' 있습니다. 외래어를 사용하는 것은 일반적으로 그 관념을 표현할 수 있는 동의어가 모국어에 없는 경우입니다.

예를 들면 '앙트레프레너entrepreneur'라는 말은 요즘 눈에 잘 띄는 비즈니스 용어입니다(일반적으로 '기업가'라는 뜻입니다). 이 말은 흥미롭게도 미국에서 건너온 용어이지만 사실 영어가 아닙니다. entrepreneur는 프랑스어입니다. 즉 미국에서 '기업가'라는 새로운 비즈니스 개념을 가지게 되었을 때 그것을 표현하는 종래의 enterpriser로는 확실한 느낌을 주지 않았기 때문에 '기업가'와 '창업자'를 동시에 의미하는 프랑스어를 차용해서 쓰기 시작했고, 이것이 다시 일본으로 건너와 '앙트레프레너'로 표기되며 '자립심이 왕성한 벤처 비즈니스 창업자'라는 특이한 뜻을 지니고 유포되기 시작한 것입니다. 즉 이 단어는 새로운 비즈니스 스타일과 그에 대한 가치평가가 포함되어 수입된 말입니다.

외국어를 모국어의 어휘에 포함시키는 것은 '그 관념을 낳은 종족의 사상'을 (부분적이기는 하지만) 채용하는 것입니다. 그 말을 사용하게 되면 이전에는 알지 못했던 '새로운 의미'가 우리 속에 새롭게 등록됩니다. 내 어휘는 그것을 통해 좀 더 풍요로워지고 우리의 세계는 좀 더 입체감이 생깁니다. 따라서 모국어에 어떤 단어가 존재할까 존재하지 않을까 하는 문제는 그 국어로 말하는 사람들의 세계를 이해하는 방법, 경험, 사고와 깊은 관계가 있습니다.

가까운 예를 하나 들어보겠습니다.

일본인들은 자주 어깨가 결립니다. '어깨가 결린다'라는 말은 보통 힘든 일을 하고 난 뒤나 어색한 인간관계를 참고 난 뒤에 씁니다. 그런데 '어깨가 결린다'는 신체적·생리적 현상은 일본어를 사용하는 사람에게만 생기는 것이라는 의료인류학의 흥미로운 연구가 있었습니다(고바야시 마사히로, 『어깨 결림에 관한 고찰』).

같은 자세로 오랫동안 작업을 하면 누구나 등부터 어깨에 이르는 근육이 경직되고 아플 것입니다. 그러나 다른 언어를 사용하는 사람들은 그런 현상에 대해 반드시 '어깨가 결린다'라는 표현을 쓰지는 않습니다. 영어가 그렇습니다. 영어에는 물론 '어깨'라는 말이 있고 '결린다'라는 말도 있습니다. 그러나 영어로 말하는 사람들은 '나는 딱딱한 어깨를 가지고 있다'라는 표현을 쓰지 않습니다. 일본인이 '어깨가 결린다'라고 쓸 때 느끼는 동일한 신체적 통증을 그들은 '등이 아프다 I have a pain on the back'라고 말하지요.

일본인이나 미국인 모두 아픈 곳이 다른 것은 아닙니다. 그러나 그 통증의 장소를 다른 단어로 표현하는 것은 통증의 장소가 '어디'인가 하는 것이 각각의 언어 속에서 중요한 의미를 갖고 있기 때문입니다.

영어에서는 힘든 일을 할 때 '무거운 짐을 등에 멘다 carry a burden on one's back'라고 말하고 열심히 일하는 것을 '등뼈가 부러진다 break one's back'라고 말합니다. 따라서 영어로 말하는 사람들은 일의 스트레스를 어깨가 아니라 등으로 느끼고 있음을 알 수가 있습니다.

일본에서는 누군가가 '등이 아프다'라고 하면 '병원에 가봐'라고 말하지만 '어깨가 결린다'는 사람에 대해서는 대부분 반사적으로 '수고하셨어요'라고 말합니다. '어깨가 결린다'라는 것은 단순한 신체적 통증의 표현이 아님을 서로 잘 알고 있기 때문입니다. 그 호소에는 '해야 할 일 그 이상을 해서 몹시 피곤하니 누군가에게 위로받고 싶다'라는 사회적인 메시지가 포함되어 있음을 모두가 알고 있습니다.

같은 이유로, 그와 동일한 상황에서 영어로 말하는 사람이 자기의 수고를 위로해달라는 말을 쓸 때에는 '등이 아프다'고 말하게 됩니다. 그리고 그때 그 사람의 신체에서 '등'은 틀림없이 매우 아플 것입니다.

1960년대 초반에 미국 대통령이었던 J. F. 케네디는 등에 전쟁에서 입은 상처가 있었습니다. 때문에 그는 자주 지팡이를 짚고 걸어 다녔습니다. 쿠바 위기 당시 하이애니스포트에서 요트에서 내려 지팡이에 매달리듯 걸어가던 케네디 대통령의 모습을 뉴스에서 본 기억이 있습니다. 초등학생이던 나에게는 단지 '아프겠구나' 정도로 생각되던 그 영상을 당시 미국 국민은 '등이 굽을 정도로 과중한 업무를 견디고 있는 대통령'이라는 강렬한 메시지로 받아들였을 것입니다.

이처럼 우리의 경험은 우리가 사용하는 언어에 의해 깊이 규정되어 있습니다. 신체적 경험 또는 같은 세계인이라면 누구나 경험할 수 있는 물리적·생리적 현상까지 언어의 틀을 통과하면 그 모습이 달라집니다.

'타인의 언어'를 말하는 우리

　　　　　　　　소쉬르가 가르쳐준 것은 어떤 것의 성질이나 의미, 기능은 그 사물이 그것을 포함한 관계망, 또는 시스템 속에서 어떤 '포지션'을 차지하고 있는가에 따라 차후에 결정된다는 것으로 사물 자체에 생득적이거나 본질적인 어떤 성질이나 의미가 내재되어 있지는 않다는 것입니다. 그렇지만 이것을 소쉬르가 창안했다고 말하기는 힘듭니다. 고전경제학은 이미 상품의 '가치'와 '유용성'이 별개라는 것을 잘 알고 있었습니다.

　예를 들면 배의 유용성은 '물에 뜨는' 것이지만 그 가치는 상황에 따라 다릅니다. 침몰하는 타이타닉호와 만추의 해안가에 떠 있는 배는, 그것이 설사 동일한 유용성을 지닌 배라고 해도 그 가치가 다릅니다.

　'상품의 가치란 필연적으로 가치 체계 속에서 하나의 가치에 불과할 뿐이고, 한 시장의 수급관계에 변화가 생기면 그것과 동시에 모든 상품의 가치에 변화가 생기게 된다'라는 경제학의 견해는 소쉬르의 '가치'라는 용어 사용 방법에 직접적으로 영향을 미쳤습니다(이와이 가츠히토, 『화폐론』).

그러나 소쉬르는 우리가 언어를 사용하는 한 언제나 자기가 속한 언어 공동체의 가치관을 승인하고 강화한다는 사실을 확실히 알려주었습니다. 마르크스가 기술한 것처럼 자본주의의 위기에 직면하지 않아도, 또는 프로이트가 예를 든 것처럼 신경증을 앓지 않아도, 그저 모국어를 사용하면서 사는 것만으로 우리가 이미 어떤 가치 체계 속에 휘말려 있다는 사실을 가르쳐주었다는 뜻입니다.

우리는 아주 자연스럽게 자신이 '마음속에 있는 어떤 생각'을 말을 통해서 '표현한다'는 식으로 이야기합니다. 그러나 그것은 소쉬르에 따르면 매우 부정확한 말입니다.

'마음속에 있는 어떤 생각'이라는 것은 사실 언어에 의해 '표현' 됨과 동시에 생긴 것입니다. 그보다 말을 하고 난 뒤 우리는 자기가 무엇을 생각했는지를 아는 것입니다 그것은 입을 다물고 마음속으로 독백을 하는 경우에도 다르지 않습니다. 독백을 할 때에도 우리는 우리말의 어휘를 사용하고 거기에 맞는 문법 규칙에 따라 우리 나라에서 사용하는 언어의 소리만을 이용해 '작문'하고 있습니다. 우리가 '마음'이나 '내면'이나 '의식'이라고 이름 붙인 것은 극단적으로 말하면 언어를 운용한 결과, 나중에 얻게 된 언어 기호의 효과라고 할 수 있습니다.

이러한 언어의 힘은 고대 때부터 자각되어왔습니다. 시인에게 영감을 불어넣는 '시의 신'이나 소크라테스의 '다이몬(신神과는 다른 개념으로 초자연적인 힘을 뜻함. 여기서는 마음속의 소리, 양심을 말함―옮긴이)'은 '말을 하고 있을 때 내 속에서 말하는 것은 내가 아니다'라는 언어 운용의 본질을 직관하고 있었던 것이지요.

내가 말을 하고 있을 때 말을 하고 있는 것은 엄밀하게 말하면 내가 아닙니다. 그것은 내가 습득한 언어 규칙이고, 내가 몸에 익힌 어휘이며, 내가 듣고 익숙해진 표현, 내가 아까 읽었던 책의 일부입니다.

'나의 지론'이라는 주머니에는 어떤 것이 들어 있을까요? 거기에 가장 많이 들어 있는 것은 사실은 '타인의 지론'입니다. 확신을 갖고 내 의견을 타인에게 진술하는 경우 그것은 '내가 누군가에게 들은 것'을 되풀이하는 셈이라고 생각하면 됩니다.

'내가 누군가로부터 들은 것'은 문장이 마지막까지 완성되어 있습니다. 또한 우리는 그 억양이나 빠르기의 완급, '힘을 주어 강조하는 부분'도 알고 있습니다. 내가 '그것을 듣고 납득'했다는 과거가 있기 때문이죠. 그 덕에 들은 내용을 안심하고 타인에게 전달할 수 있습니다(예를 들어 택시 운전사 가운데 사회 문제에 대해 단호히 자기 의견을 말하는 사람이 많은데 그것은 그들이 오랫동안 라디오를 듣고 있는 것과 관계가 있다고 생각됩니다).

이와 반대로 갓 만들어진 따끈따끈하고 때 묻지 않은 '나의 의견'은 대개의 경우 비슷한 이야기가 빙글빙글 제자리에서 맴돌고 앞뒤가 모순되며 주어가 도중에 바뀌는, 그래서 '자기도 무엇을 말하고 있는지 잘 모르는' 난감한 문장이 됩니다. 이런 의견에 차분하게 귀를 기울이는 청중은 거의 없습니다. 당연한 말이지만 우리는 커뮤니케이션의 현장에서 이미 기승전결의 구조를 다 알고 있는 '관용어구'를 되풀이하기 쉽습니다.

따라서 '내가 말하고 있을 때 내 속에서 말하는 것'은 대부분의 경우 '타인의 말'이라고 생각하면 크게 틀리지 않습니다(저 역시 이렇게 확신을 가지고 말하지만 그럴 수 있는 것은 '라캉의 의견'을 받아 옮기고 있기 때문입니다). 즉 '내가 말할 때' 그 말이 국어의 규칙에 속박되고 규정된 어휘로 이루어진 한 우리가 '말하는 내용'의 대부분은 타인으로부터 얻은 것이 되며, 그때 '내가 말한다'라고 하는 것은 부끄러운 일이 됩니다. 내가 말을 하고 있을 때 거기서 말해지는 것의 기원은 대부분 나의 외부에 있기 때문이지요.

앞에서 '나의 정체성'은 '내가 하는 말'을 통해서 차후에 알려진다고 했는데, 말 그대로 '내가 한 말'조차 그것을 구성하는 사실의 대부분이 '외부에서 들어온 것'이라니. 그렇다면 이때 '나의 정체성'이라는 것은 도대체 무엇이란 말일까요?

그런데 이렇게 발끝이 불안해 보이는 '나의 정체성'이나 '마음속 생각'에 서구 세계는 오랫동안 '자아'라든지 '코기토 cogito', '의식' 등의 이름을 붙이고 그것을 세계 경험의 중추에 두었습니다. 모든 것은 '나'라는 주체를 중심으로 돌고 있고, 경험이란 '내'가 외부에 나가서 이런저런 정보를 수집하는 것이며, 표현이란 '내'가 자신의 내부에 담겨 있는 '생각'을 이런저런 매개체를 경유해서 표출하는 것이라고 말입니다.

이러한 생각은 우리 속에 아직 뿌리 깊게 남아 있습니다. 일단 여기서는 그것을 '자아중심주의egocentrisme'라고 부르겠습니다. 그리고 소쉬르의 언어학은 이 자아중심주의에 치명적인 타격을 가할 수 있는 무기임이 분명해졌습니다. 그러나 소쉬르 생전에 그의 구상이 서양의 전통적인 인간관에 이렇게 치명적인 영향을 미치게 될 줄은 아무도 예상하지 못했습니다.

20세기 초반 제네바 대학교의 어느 작은 교실에서 한 명의 언어학자가 강의한 이론은 그 후 니콜라이 트루베츠코이(1890~1938), 로만 야콥슨(1896~1982)을 중심으로 한 프라하학파에 의해 계승되었고, 러시아의 포르말리즘, 미래파, 후설 현상학 등 다양한 문예 사상 운동과 역동적인 이종배합을 하면서 사상의 수맥을 형성합니다. 그리고 1920~1930년대의 동유럽, 러시아를 중심으로 두드러진 이 새로운 학문적 지식의 파도 속에서 구조주의가 생성됩니다('구조주의'라는 학술용어를 처음 사용한 것은 프라하학파의 사람들입니다).

이 새 물결의 세례를 받은 1940년대부터 1960년대에 걸친 프랑스의 전후세대는 구조주의의 '제3세대'에 해당됩니다. 이 사람들에 의해 그때까지 언어학에 한정되어 있던 구조주의 이론은 단숨에 다양한 인접 영역으로 전개되었고 곧바로 보편적인 지적 위상을 획득하게 됩니다.

제3세대에 포함된 이들은 문화인류학의 클로드 레비스트로스, 정신분석학의 자크 라캉, 기호론의 롤랑 바르트, 사회사의 미셸 푸코 등입니다. 아마 이 네 사람이 후대에 끼친 영향 면에서 가장 중요한 사람들이겠지요. 그들에게는 '구조주의의 사총사' 라는 별명이 붙습니다. 이제부터 이 네 사람의 업적과 사상사적 의미를 음미해보고 구조주의가 우리의 사고에 몰고 온 결정적인 영향에 대해 살펴보려고 합니다.

제3장
푸코와 계보학적 사고

역사는 '지금·여기·나'를 향해 있지 않다

　나는 크리스마스 때 학생들이 우리 집에 모였을 때 직접 편집한 크리스마스 캐럴을 틀었습니다. 빙 크로즈비의 〈화이트 크리스마스〉, 야마시타 타츠로(일본의 유명한 싱어송라이터—옮긴이)의 〈크리스마스이브〉, 존 레넌의 〈해피 크리스마스〉, 웸의 〈라스트 크리스마스〉 등입니다. 이들 노래는 스무 살 정도의 학생들이라면 어릴 적부터 자주 들었던 친숙한 음악입니다. 그런데 내가 놀란 것은 학생들이 이 노래들을 전부 흘러간 노래 한 묶음 정도로 생각한다는 점이었습니다. 그들은 빙 크로즈비와 야마시타 타츠로 중 누가 연상인지조차 구별하지 못했습니다. 아니, 구별할 필요를 느끼지 못하는 듯했습니다.

　"아무튼 모두 흘러간 노래잖아요?"

　그렇지 않아. 〈화이트 크리스마스〉는 옛날 노래지만 〈크리스마스이브〉는 최근 노래야, 라고 말하면서 내가 그들과 동일한 생각을 하고 있다는 것을 알았습니다. 그러니까 나 역시, 실시간으로 '그것'이 생성되는 현장에 있지 않았다면 이는 모두 '과거의 것', '과거부터 계속 있어왔던 것'이라고 생각하고 있었던 것입니다.

빙 크로즈비와 야마시타 타츠로 가운데 누가 더 빨리 데뷔했는지를 모르는 학생들을 보며 웃었던 나도 한 세대 위의 사람들로부터 "이미자와 김추자 가운데 누가 더 데뷔가 빠른가?"라는 말을 들으면(이해의 편의를 위해 우리 식의 예를 들었음—옮긴이) "뭐, 그런 것까지 알아야 할 필요가 있을까, 둘 다 오래된 사람이잖아?"라고 별로 고민하지 않을 것입니다.

모든 문물에는 각각 고유의 탄생일이 있고 탄생에 이르는 고유한 '전사前史'의 맥락을 파악하고서야 그것이 무엇인지 알 수 있다는 사실을 우리는 잘 잊습니다. 그리고 자기가 보고 있는 것은 원래부터 있던 것이며 자기가 살고 있는 사회는 과거부터 계속해서 지금처럼 있어왔던 것이라고 제멋대로 믿습니다.

푸코(1926~1984)는 이런 믿음을 분쇄하겠다는 목표를 세웠습니다. 그것은 그의 대표작인 『감시와 처벌: 감옥의 탄생』 『광기의 역사』 『지식의 고고학』 등의 제목에서 충분히 짐작할 수 있습니다.

'감옥'이 되었건 '광기'가 되었건 또한 '학술'이 되었건, 우리는 그것이 시대나 지역과 관계없이 언제 어디서든 기본적으로 동일한 것이라고 믿고 있습니다. 그러나 인간사회에 존재하는 모든 사회제도는 과거의 어느 지점에, 몇 가지 역사적 사실의 복합적인 효과로서 '탄생'한 것으로 그 이전에는 존재하지 않았던 것입니다. 이 지극히 당연한 (그러나 망각하기 쉬운) 사실을 지적하고 그 제도나 의미가 생성된 현장으로 거슬러 올라가보는 것, 그것이 바로 푸코의 '사회사' 작업입니다.

어떤 제도가 생성된 순간의 현장, 즉 역사적인 가치판단이 개입해서 그것을 더럽히기 전의 '가공 전 상태'를 훗날 롤랑 바르트는 '영도零度(degré zéro)'라는 학술 용어로 부르게 됩니다. 구조주의란 한마디로 다양한 인간적 여러 제도(언어, 문학, 신화, 친족, 무의식 등)에서의 '영도의 탐구'라고 할 수도 있습니다.

우리는 역사의 흐름을 '지금·여기·나'를 향해 일직선으로 진화해온 과정으로 이해하려는 경향이 있습니다. 역사는 과거로부터 '지금'을 향해 곧바로 흘러왔고, 세계의 중심은 '여기'이며, 세계를 살고 경험하고 해석하고 의미를 결정하는 최종적인 재판부는 다름 아닌 '나'라는 식으로 생각하고 있는 것이죠.

'지금·여기·나'를 역사의 진화에서 최고 도달점, 필연적인 귀착점으로 간주하는 생각을 푸코는 '인간주의humanisme'라고 부릅니다(자아중심주의의 일종입니다).

인간주의란 다른 말로 바꾸면 '지금·여기·나' 주의가 됩니다. 푸코는 '지금·여기·나'를 근원적인 사고의 원점으로 간주하고 거기에 편안하게 앉아서 그 시각으로 삼라만상을 바라보고 이해하며 판단하는 지知의 자세를 '인간주의'라고 부른 것입니다. 이 인간주의적 역사관에 따르면 역사는 차례로 '보다 좋은 것', '보다 진실한 것'이 연속적으로 현현하는 과정으로 이해됩니다('지금·여기·내'가 모든 기준이기 때문에 그것이 최고 도달점이라는 것은 너무나 자명한 전제입니다). 푸코는 이 인간주의적인 진보사관에 이의를 제기합니다.

'지금·여기·나'를 도달점으로 생각하면 모든 사건은 단선적인 '진화'라는 '이야기' 속에 잘 정돈이 되겠지요. 우리는 무의식적으로 역사는 일직선으로 '지금·여기·나'를 향해 진화의 과정을 차근차근 밟아왔다는 생각에 익숙해져 있습니다(물론 진보사관을 뒤집어서 인간이 줄곧 '퇴보'해왔다는 생각을 하는 것도 가능합니다. 불교의 말법末法 사상이나 노스트라다무스, 통속적인 메시아주의 등이 그런 예입니다. 그러나 어느 쪽이든 역사가 정해진 방향을 향해 '곧바로' 진행되고 있다고 생각하는 점에서는 다르지 않고, 방대한 역사에 대한 지적인 짐을 줄이고 싶어 한다는 점에서도 비슷합니다).

그러나 '역사의 직선적 추이'라는 것은 환상입니다. 현실의 일부만을 떼어내고 그 이외의 가능성에서는 조직적으로 눈을 돌려야 이른바 역사를 꿰뚫는 '선線'이라고 할 만한 것이 보입니다. 즉 '역사를 꿰뚫는 한 가닥 선'을 보기 위해서는 선택된 단 하나의 '선'만을 남기고 거기에서 벗어난 사건이나 그와 관계가 없는 역사적 사실은 배제하고 버려야 합니다.

알기 쉬운 예를 하나 들어보겠습니다.

개인적인 일이지만 가끔 나는 외부에 우치다(內田) 가문의 자손임을 말할 때가 있습니다. 그러나 어머니(결혼 전의 성은 가와이(河合)) 집안의 입장에서는 '이쪽의 피도 절반 섞여 있는데 왜 무시하는 거지?'라는 생각에 불쾌할 수도 있을 것입니다.

잘 생각해보면 내가 '누구의 자손일까?' 하는 것은 사실 꽤나 자의적인 결정입니다. 나에게는 네 명의 조부모가 있는데(우치다, 가와이 외에 하토리(服部), 에노모토(榎本)) 나는 그들 가운데 셋을 무시하고 한 사람(우치다 집안의 할아버지)만을 조상으로 지명하고 있는 셈이기 때문입니다. 그 조부에게도 당연히 어머니가 있었겠지만 나는 그 증조모의 성도 모릅니다.

n대로 거슬러 올라가면 우리에게는 '2의 n제곱만큼의 조상'이 있다는 말입니다. 따라서 그 가운데 한 사람의 성을 대고 '○○ 집안의 후손'이라고 칭하는 것은 '2의 n제곱 마이너스 한 명'의 조상의 성을 망각의 저쪽으로 묻어버리는 것에 동의한다는 것을 의미합니다.

마찬가지로 일본인은 대개 자신을 '순수한 일본인'으로 생각하고 있고 다른 사람들로부터도 그런 대우를 받습니다. 그러나 몇 십 대를 거슬러 올라가면 조상 가운데 틀림없이 외국인이나 일본 내 소수민족이 포함되어 있을 것입니다. 내가 어떤 조상을 내 '직계'로 선택하고 '일본인'으로서의 '민족적 정체성'을 믿는 것은 다른 말로 표현하면 무수히 많은 숫자의 혈연자를 내 계통에서 조직적으로 배제함을 뜻합니다.

이와 비슷한 이야기가 미국에도 있습니다.

미국에는 '블랙 세미놀Black seminol'이라는 소수민족이 있습니다. 그들의 조상은 도망친 노예입니다. 개척 시대 노예선을 탈취해서 도망치거나 농장에서 도망한 흑인 노예는 헤아릴 수 없이 많습니다. 그들 중의 일부는 아프리카와 풍토적으로 비슷한 플로리다 벽지로 도망갔습니다.

한편 미국에는 원주민(이른바 '아메리칸 인디언'입니다) 노예도 많이 존재했습니다(지역에 따라서는 흑인 노예보다 많았습니다). 그들 또한 백인의 지배에서 벗어나 밀림 깊숙한 곳으로 도망쳤습니다. 이렇게 플로리다 벽지로 도망친 원주민과 아프리카인의 공생이 시작되었습니다. 그리고 어느 사이엔가 피가 섞이기 시작했습니다.

그 자손들이 지금 텍사스에 있습니다. 흥미롭게도 그들은 스스로를 '아메리칸 원주민'이라고 칭하며 주위의 아프리카계 미국인과 선을 긋고 생활하고 있습니다. 신체적인 특징에서는 눈에 띄게 아프리카적이면서 생활양식에서는 원주민 같은 그들은 신체적인 특징을 무시하고 어디까지나 자기들을 '아프리카에서 온 사람'이 아니라 '과거부터 아메리카에 있었던 사람'이라고 주장합니다. 그들 조상의 한쪽을 조직적으로 버리고 있는 셈입니다(니시에 마사유키,『전설의 아메리칸 영웅』).

우리는 민족적 정체성이라는 것을 '숙명적 각인'이라도 되는 것처럼 엄숙하게 이야기합니다. 그러나 많은 경우 그것은 선택(이라기보다는 조직적인 배제)의 결과에 불과합니다. 어떤 조상 하나만을 선택하고 그 이외의 조상은 망각하고 소멸시켜야 조상으로부터 나에게 '일직선'으로 계승된 민족적 정체성의 환상이 성립됩니다.

모든 사람에게 해당되는 말이지만, 무수한 조상 가운데 누군가 한 사람이라도 배우자를 다른 사람으로 선택했거나 아이를 만들기 전에 죽었다면 '지금·여기·나'는 존재할 수 없습니다. '지금·여기·나'라는 것은 역사에 무수히 존재하는 분기점이나 어느 방향이 '어쩌다가' 선택되어 출현한 것에 불과합니다. 그러나 이러한 '사실'을 무시하게 되면 놀라울 정도로 근면해집니다(앞의 조상 찾기와 같은 예에서 보듯, 우연임을 무시하면 필연성을 찾게 된다는 말―옮긴이).

세계는 우리가 알고 있는 것과는 다른 것이 될 무한한 가능성으로 가득 차 있다는 것이 공상과학소설에 등장하는 '다원우주론'인데, 이것은 인간중심주의적 진보사관의 반대쪽에 서 있는 생각이라고 말할 수 있습니다. 푸코의 발상은 어떤 의미에서는 이 공상과학소설의 사고와 통하는 것이 있습니다.

예를 들면 증기기관차가 지금과 같은 모양을 하고 있는 것에 대해 우리는 조금도 의심하지 않습니다. 그러나 와트의 증기기관을 운전 수단으로 만들 때 많은 기술자들이 먼저 생각한 것은 '말처럼 지면을 차고 전진하는 기계'였습니다. 그때까지의 운송 수단은 모두 '무엇인가가 차를 끄는' 구조였기 때문에 인습적 상상력이 '쇠로 만든 말'의 설계로 향한 것은 이상한 일이 아니었습니다. 스티븐슨이 '무엇인가가 차를 끄는' 것이 아닌 '차바퀴 자체가 스스로 회전하는' 기관차를 구상했는데 이것은 콜럼버스의 계란이나 다름없는 발상의 전환이었습니다.

그러나 우리는 이미 그것을 잊었습니다. 하지만 만약 쇠로 만든 말이 실용화되었다면 그 모습을 한 증기기관차에 익숙해졌을 것이고 그 외의 다른 형태를 가진 운송 수단을 상상하는 데 어려움을 겪었을 것입니다(관심이 있는 분들은 윌 스미스 주연의 〈와일드 와일드 웨스트〉라는 영화를 보십시오. 쇠로 만든 말 형태의 증기기관차가 어떤 것인지 알 수 있습니다).

역사의 흐름이 '지금·여기·나'에 이른 것은 다양한 역사적 조건이 예정 조화적으로 종합된 결과라기보다 (쇠로 만든 말로 대표되는) 다양한 가능성이 배제되어 오히려 점점 홀쭉해진 결과가 아닐까 하는 것이 푸코의 근원적인 물음이었습니다.

푸코는 그때까지의 역사가가 결코 제기하지 않았던 문제에서 출발합니다. 그것은 '이들 사건은 어떻게 말해져왔는가?'가 아니라 '이들 사건은 어떻게 말해지지 않았는가?'입니다. 왜 어떤 사건은 선택적으로 억압되고 비밀에 부쳐지고 은폐되었는가? 왜 어떤 사건은 기술되고 어떤 사건은 기술되지 않았는가?

그 해답을 알기 위해서는 사건이 생성된 역사상의 그 시점—

사건의 영도—까지 거슬러 올라가 고찰해보아야 합니다. 고찰하고 있는 주체인 푸코 스스로 '지금·여기·나'를 '괄호에 넣고' 역사적 사상 그 자체와 정면에서 마주한다는 지적 금욕을 스스로 부과해야만 했습니다. 푸코는 이러한 학술적인 접근을 니체의 계보학적 사고에서 계승했습니다.

광기를 긍정하는 것은 누구인가?

　　　　　　　푸코는 사건이 생성된 현장으로 거슬러 올라가봄으로써 '상식'을 몇 가지 뒤집었습니다. 푸코가 전복시킨 상식 가운데 가장 충격적인 것은 아마도 정신질환에서 '건강/이상異常'의 경계라는 개념일 것입니다.
　푸코는 최초의 학술적 주제로 '광기'를 선택했습니다. 그가 처음에 목표로 한 것은 '역사에서 배제되고 이성으로부터 망각되어 버려진 것─광기─에 말할 기회를 제공하는 것'이었습니다(프랑수아 도스, 『구조주의의 역사』). 그는 『광기의 역사』에서 제정신과 광기를 '과학적인 용어'를 사용해서 엄밀하게 분리할 수 있다는 생각은 사실 근대에 이르러 비로소 하게 된 것이라는 놀라운 사실을 지적했습니다.
　유럽에서 정신병자를 감금한 것은 17, 18세기에 근대적인 도시와 가족, 국가의 성립과 함께 시작되었습니다. 그 이전의 광인은 지역사회에서 공동체의 구성원으로 인정을 받았으며 고유한 사회적 역할을 담당했습니다. 중세 유럽에서 광인은 악마라는 초자연적인 힘에 사로잡힌 사람으로 간주되었던 것이지요.

광인은 '죄에 빠진' 사람의 구체적 모습으로 공동체 내부에서 이른바 신앙을 가져야 하는 중요한 '살아 있는 교훈'으로 교화적 기능을 수행했습니다. 따라서 광인들이 가까이 있는 것, 살아 있는 몸을 가진 그러한 존재가 사람들 앞에 노출되어 있다는 것은 인간 사회에 자연스럽고 의미 있는 일이었습니다. 어떤 의미에서 중세 유럽에서는 악마나 신, 성령, 천사들이 인간들과 함께 세계를 나누어 갖고 있었습니다. 푸코는 이렇게 썼습니다.

얼마 전까지만 해도 광기는 환한 대낮에 논의되었다. 『리어왕』을 보라. 『돈키호테』에서도 그랬다. 그러나 반세기도 안 되어 광기는 갇히고 고립되었으며 수용의 요새에서 이성에, 도덕규범에, 그리고 도덕규범의 획일적 어둠에 묻혀버렸다. ―『광기의 역사』에서

근대 이전에는 광인이 '인간적 질서'의 내부에서 정당한 구성원이었다는 사실은 일본도 마찬가지입니다.

일본의 전통 연극 형식 가운데 하나인 '노'에는 종종 미치광이가 등장합니다. 예를 들면 〈스미다가와(隅田川)〉에는 유괴범에게 납치된 아들을 찾기 위해 도시에서 스미다가와까지 여행을 온 어머

니가 등장합니다. 그녀는 아들에 대한 그리움의 격정을 사람들에게 토로하는 것을 '직업'으로 하는 미치광이 여인입니다.

따라서 사람들은 "도시에서 미치광이 여인이 왔다네, 재미있는 미친 짓을 보겠네, 잠시 배를 멈추고 미치광이를 기다릴 수밖에" 하며 미친 여자의 출현에 기대를 높입니다. 그리고 미친 여자가 등장하면 "재미있는 미친 짓을 보여주지 않으면 이 배에 탈 수 없어"라며 '광녀의 쇼'를 조릅니다.

이런 몰인정한 처사에 미친 여자는 아리와라 나리히라의 〈미야코도리(都鳥)〉라는 옛 노래를 부르며 스미다가와의 뱃사공에게 아량을 구하고 이것을 계기로 해서 광녀와 뱃사공과 배에 탄 사람들은 유괴된 아들의 비운의 죽음에 대한 이야기와 풀 무덤에 조문한 인연, 염불에 응답해 죽은 사람의 목소리가 들려오는 미스터리 속으로 점점 끌려들어갑니다.

〈스미다가와〉의 '미치광이'는 세속과 영계를 연결하는 역할을 맡고 있습니다. 높고 날카로운 소리로 살아 있는 영을 불러오는 노의 명곡인 〈아오이노우에(葵の上)〉의 무녀나 신에 대해 이야기하는 〈마키기누(卷絹)〉의 무녀도 같은 역할입니다. 이 미치광이 여인들은 현실의 세계와 그 너머의 세계를 접합해서 현실의 해석가능성을 확대하고 사건에 내재된 의미에 두께를 더하는 뛰어난 사회적 역할을 담당하고 있습니다.

그러나 근대와 더불어 천사와 악마와 인간이 세계를 나누어 갖기 위한 장치였던 광인은 볕이 드는 장소에서 추방되고 말았습니다. 17세기 이후 인간주의적인 관점이 점점 뿌리를 내리면서 사회에서 광인을 위한 장소가 사라졌습니다. 세계는 표준적인 인간만이 사는 장소가 되었고 거기에서 벗어난 사람은 조직적으로 배제되었습니다.

푸코는 17세기 유럽을 '대大감금 시대'라고 불렀습니다. 그것은 이 시대에 이르러 근대사회는 '인간' 표준에 어울리지 않는 모든 것—정신병자, 기형인, 부랑자, 실업자, 거지, 빈민 등 다양한 '비표준적인 개체'—을 강제적으로 배제하고 격리했기 때문입니다. 표준화는 시대가 흐르면서 점점 과격해졌고 근대 유럽의 감금시설에는 자유사상가, 성적 도착자, 무신론자, 주술사에서 낭비벽이 있는 사람까지 이른바 '표준에서 일탈한' 온갖 종류의 인간들이 갇히기에 이릅니다.

17세기에 광기가 '신성을 잃은' 듯 되어버린 것은 우선 빈곤이 도덕의 지평에서만 지각됨으로써 빈곤의 위세가 실추되었기 때문이다. (중략) 광기에 대한 새로운 이해 방식이 생겨났다. 이 이해 방식은 더 이상 종교적이지 않고 사회적이다. 중세의 인간적 풍경 안으로 광인이 친숙하게 나타난 것은 광인이 다른 세계로부터 온 사람이기 때문이었다. 이제 광인은 도시민들의 질서에 관련된 '통치' 문제의 바탕 위에서 뚜렷하게 부각되는 존재가 된다. 예전에 광인이 사회에 받아들여진 것은 그가 다른 곳에서 왔기 때문이다. 그러나 이제 광인이 배제되는 까닭은 그가 바로 이곳에서 생겨난 존재이기 때문이다. 그리고 가난한 사람, 궁핍한 사람, 부랑자 사이에 끼기 때문이다. —『광기의 역사』에서

푸코는 우리의 상식과는 반대되는 것을 여기에 써놓았습니다. 광인은 '다른 세계'에서 온 '손님'일 때에는 공동체로부터 환대를 받았고 '이 세계의 시민'에 편입될 때에는 공동체로부터 배제되었습니다. 즉 광인의 배제는 그것이 '누군지 잘 모르는 사람'이기 때문이 아니라 '누군지 잘 아는 사람'이기에 이루어졌습니다. 광인은 이해되고 명명되고 분류되었으며 배제되었습니다. 광기를 배제한 것은 '이성'입니다.

이렇게 광인의 조직적인 배제가 진행됨에 따라 광기를 인정하는 사람도 변합니다. 누가 광인인지를 결정하는 권리가 '사법'에서 '의료'로 이행했습니다.

17세기에 광인의 감금을 결정하는 것은 사법관이었습니다. '반사회성'이라는 면에서 광인은 가난한 자와 동격이었습니다. 그런데 18세기에 들면서 여기에 새로운 경계선이 그어지게 됩니다. 광인만이 별개의 카테고리로 분류됩니다. 그들을 위한 시설이 만들어지고 이제 그들은 '치료의 대상'이 됩니다. 증상은 관찰되고 분류되어 병리학적 징후로서 범주화됩니다.

광인은 사법관에 의한 수감의 대상이 아니라 의사에 의한 치료의 대상이 됩니다. 얼핏 광인의 처우 방법이 보다 합리적이고 인도적으로 바뀌었다고 생각할 수도 있지만 이 '단단한 격리'로부터 '부드러운 격리'로의 이행 과정에서 어떤 공범관계가 암묵적으로 생겨납니다. 그것은 바로 의료와 정치의 결탁, 즉 '지와 권력'의 결탁입니다.

고대의 권력은 드러내는 것이었습니다. 그러나 중세에서 근대로 넘어오는 동안 점차 그 윤곽이 애매해집니다. 그것은 권력이 비권력적이 되었다는 것을 의미하는 것이 아닙니다. 권력은 감촉이 부드러운 이성적인 '대리인'인 '학술적인 지'를 통해서 오히려 철저하게 행사됩니다. 이것이 푸코의 생각입니다.

신체는 하나의 사회제도

푸코의 기본적인 생각은 지와 권력이 근대사회에서 인간의 '표준화'라는 방향을 목표로 설정했다는 것입니다. 표준화는 다양한 차원에서 진행되었습니다. 가장 현저하게 드러난 것이 '신체'에 대한 표준화의 압력입니다.

우리는 신체라는 것을 생리적·물리적인 '자연'이라고 생각합니다. 또한 동서고금 언제 어디서나 동일한 기능을 하고 고대인이든 현대인이든 지각이나 신체 조직에는 본질적으로 차이가 없다고 생각합니다. 그러나 푸코에 따르면 신체 또한 '의미에 의해 엮여 있다'는 점에서 일개 사회제도에 불과합니다.

그렇다면 '의미에 의해 엮여 있는 신체'란 과연 무엇일까요? 앞에서 '어깨가 결린다'라는 신체 현상이 일본어를 사용하는 사람에게 고유한 것이라는 예를 들었지만 여기서 또 하나의 예를 들어 보겠습니다.

'걷는다'라는 동작은 매우 단순한 것이기 때문에 세계인 모두가 동일하게 '걷고 있다'라고 생각하기 쉽지만 실은 그렇지 않습니다. 일본의 전통적인 걷는 방법은 '난바'라고 부르는, 살짝 땅에 스치듯 걷는 걸음이었습니다. 난바는 오른발을 내디딜 때 오른쪽 상반신이 앞으로, 왼발을 내디딜 때 왼쪽 상반신이 앞으로 나가는 걸음입니다. 지금은 스모에 겨우 그 명맥이 남아 있을 뿐 일상생활에서는 자취를 감추었습니다. 다케치 데츠지에 따르면 이 보행법은 온대 몬순지대의 진흙탕에서 심전深田 농작을 하는 농민들이 노동을 할 때 가장 자연스러운 노동의 신체 운용이었다고 추측됩니다(『전통과 단절』).

메이지 유신 때까지 일본인은 모두 난바로 걸었습니다. 중세의 두루마리 그림이나 에도 시대의 풍속화인 〈우키요에〉에도 걷고 있는 사람은 모두 '아와 지방의 춤'처럼 손을 비스듬히 전방으로 내밀고 난바로 이동하는 모습으로 묘사되어 있습니다(요로 다케시, 『옛 무술의 발견』).

이 보행법은 메이지 유신 후에 정치 목적으로 폐지됩니다. 군대의 행진을 유럽화하기 위해 새로운 걸음걸이를 도입했기 때문입니다. 손톱 끝을 치켜들고 발뒤꿈치를 내리고 팔을 반대로 휘둘러 균형을 잡는 새로운 걸음걸이를 습득시키기 위해 전국의 학교에서 '조례朝禮'라는 것이 행해졌고, 아이들은 이 걸음걸이를 어린 신체에 새겨 넣었습니다. 그러나 수천 년의 전통적인 신체 운용이 하루

아침에 바뀔 리가 없습니다. 난바가 완전히 사라지기까지 그로부터 100년 이상의 세월이 필요했습니다. 기모노가 평상복에서 사라지고 다다미방이 줄고 버선과 게다를 신는 습관이 사라지는 것과 동시에 천천히 난바도 소멸했습니다(오늘날 텔레비전의 시대극에 나오는 배우들의 몸놀림은 현대인의 몸놀림입니다. 옛 사람은 그렇게 걷거나 달리지 않았습니다).

우리의 신체는 그때그때 고유한 역사적·장소적 조건에 규정되어 '역사화' 되어 있습니다. 메이지 시대에 난바로 보행하는 것은 근대화에 항거하는 것이었습니다. 내가 어릴 적 조례를 할 때 난바로 걸었던 아이들에게 선생님은 불필요할 정도로 엄하게 꾸짖으셨습니다. 지금 생각해보면 그것은 난바로 걷는 것을 '신체 근대화의 국책'에 이의를 제기하는 행위라고 간주했던 메이지 학교 교육의 잔재였던 것이지요.

어떤 몸놀림을 하거나 또는 어떤 신체 부위를 의식하는 것은 사회적 기호로서 기능하며 동시에 어떤 메시지를 발신합니다.

미국 개척기의 전설적인 영웅인 대니얼 분이나 데이비드 크로켓 등은 모두 일반인보다 훨씬 큰 '거구'였다고 전해집니다. 전승된 이야기에 따르면 대니얼 분은 그가 살던 켄터키의 집 백 마일 앞에 다른 개척민이 왔을 때 '양키의 체취가 나서 참을 수가 없다' 라고 투덜대며 더 깊은 벽지로 이사했다고 합니다. 즉 대니얼 분의 '개인적 영역'은 반경 백 마일이었다는 뜻입니다(가메이 슌스케, 『아메리칸 영웅의 계보』).

개척 시대의 전설적 영웅들은 넓은 '공간을 차지한' 존재였는데 19세기 초반 북아메리카에서는 그것이 바로 그들이 지닌 사회적 위상의 기호였습니다. 그 시대 미국에서는 '신체는 크면 클수록 좋다'라는 신체관이 공공연하게 인정을 받고 있었다는 말입니다.

그로부터 200년 후 미국에서는 '공간을 차지하는' 것은 사회적 위상은커녕 자기관리 능력의 결여라는 기호로 여겨지고 있습니다. 현대의 미국 신사는 필사적으로 다이어트에 몰두하고 세련된 옷차림을 하며 조심스러운 향수를 뿌리고 가능한 '눈에 띄지 않으며' '공간을 차지하지 않는' 것을 목표로 하고 있습니다. 단순화하자면 주민 한 사람당 국토 면적의 배분이 개척 시대와는 비교도 되지 않을 정도로 협소해진 탓입니다. 한 사람에게 배당된 공간이 좁아지면 '이상적인 신체'의 모습도 바뀌게 됩니다. 과거 개척 시대의 남자들에게 성공의 힘을 상징했던 복부의 비만을 없애기 위해 지금 미국 남자들은 필사적으로 노력하고 있습니다. 역사적 상황이 바뀌면 신체의 모습도 바뀝니다. 아마 신체가 느끼는 쾌락이나 고통도 그러할 것입니다.

왕이 지닌 두 개의 신체

푸코는 신체의 고통에 대해서도 흥미로운 고찰을 진행했습니다. 푸코는 형벌의 역사에서 신체형의 분석을 통해 전근대의 신체형이 그토록 잔인했던 것은 형벌이 목표로 했던 신체가 우리의 신체와는 '다른 신체'였기 때문이라고 주장했습니다.

푸코는 그 논거를 절대왕정기의 '국왕 이체론二體論'에서 도출해냈습니다.

'국왕에게는 두 개의 신체가 있다'라는 '국왕 이체론'은 E. H. 칸토로비치의 『왕의 두 신체』라는 법사상사 연구에 의해 알려지게 된 개념입니다. 영국의 엘리자베스 1세 치하의 판례집에는 다음과 같은 놀라운 규정이 있습니다.

왕은 자기 속에 두 개의 신체, 즉 자연적 신체와 정치적 신체를 갖고 있다. 그의 자연적 신체는 죽을 수 있는 신체이다. 그러나 그의 정치적 신체는 눈으로 보거나 손으로 만질 수 없는 신체이다. 정치 조직이나 통치기구로부터 만들어지며 인민을 지도하고 공공의 복리를 도모하기 위해 만들어졌다. ─『왕의 두 신체』에서

국왕은 보통의 인간과 마찬가지로 상처를 입거나 병에 걸리며 죽음을 피할 수 없는 첫 번째 신체 외에 죽지 않고 파괴되지 않는 두 번째 신체를 갖고 있으며, 이 두 번째 신체인 '정치적 신체' 야말로 주권 국왕의 영속성과 정통성을 담보하는 것이라고 법학자들은 생각했습니다. 앞에서 우리가 사용한 용어를 빌려서 말하면 '정치적 신체' 는 '의미에 의해 엮인 신체' 가 됩니다.

푸코는 이 국왕 이체론에 주목하고 국왕을 시해하려고 한 대역죄를 저지른 범인에게 내려지는 극도로 잔인한 형벌의 의미를 해명했습니다. 푸코에 따르면 대역죄는 왕의 '자연적 신체' 가 아니라 '정치적 신체' 를 침범한 행위입니다. 따라서 그 형벌은 죄인의 '자연적 신체' 가 아니라 '정치적 신체' 를 표적으로 삼게 됩니다.

차열형車裂型, 화형, 녹인 납을 상처에 흘려 넣는 형벌 등 잔인무도한 신체형이 노리고 있는 것은 수형자 개인의 약하고 상처 입기 쉬우며 금방 죽는 '자연적 신체' 가 아닙니다. 엄청난 금기를 어긴 자가 훼손한 '왕의 정치적 신체' 에 상응하는, 그것에 길항하는, 죽지 않고 파괴되지 않는 '시해자의 정치적 신체' 를 상정해 엄청난

신체형으로써 그것을 파괴하는 것을 목적으로 한 것입니다.

대역죄의 신체형은 죄인의 '무서운 정치적 신체'를 파괴하는 것을 목적으로 하기 때문에 자연적 신체를 파괴하기 위해 필요한 폭력의 몇 배에 이르는 폭력을 동원하며, 화려한 축제적 성격을 지니고 집행됩니다. 이는 한마디로 국왕의 '정치적 신체'의 불가침성을 봉축한다는 의미에서 '마이너스 대관식'입니다. 그 장엄한 의례와 주장은 처벌을 받는 죄인에게 '마이너스 권력 기호를 각인시키기 위한 것'입니다. 이를 통해 '정치적 영역의 가장 어두운 부분에, 죄인은 국왕과 대칭적인, 다만 역전된 모습으로 드러나게 만들었던' 것입니다(『감시와 처벌: 감옥의 탄생』).

신체형은 수형자의 끝나지 않는 고통과 절규 속에서 왕의 '정치적 신체'가 신성불가침이며 국왕은 영원불멸하다는 확신을 왕과 신민이 기쁨과 더불어 나누기 위한 의례였습니다. 이때 형장에 모인 모든 신민들은 왕의 '정치적 신체'와 사형수의 '정치적 신체'가 검을 손에 쥐고 사투를 벌이는, '또 하나의 신체'의 차원을 환시했음이 틀림없습니다.

'정치적 신체'는 생리적·물리적인 신체와는 다른 수준으로 확고하게 존재하는 '의미에 의해 엮인 신체'입니다. 그것은 신앙이나 정치적 이데올로기가 골격을 이루고 기호나 상징이 혈액을 대신해 돌고 있는 신체입니다.

중세 유럽의 기사의 신체와 순교자의 신체는 현대인의 신체와는 다른 종류의 '의미'로 엮여 있었을 것으로 생각됩니다. 그렇지 않다면 기사나 순교자가 전쟁터나 화형대에서 끔찍한 신체적 고통을 때로는 강렬한 종교적 법열이나 도취감과 함께 경험한다는 증언을 이해하기 힘듭니다. 근대에도 러시아 원정 때 나폴레옹 군대의 병사들이 전쟁터에서 손과 발이 절단되는 수술을 받은 다음 그대로 말을 타고 다시 전선으로 달려갔다고 합니다.

고통은 만인이 경험하는 것이지만 그것이 모든 사회 모든 시대에 동일한 강도나 동일한 형태, 동일한 고통으로 경험되는 것은 아닙니다. "현재 고통을 견딜 수 있는 역치閾値에는 개인차가 있을 뿐만 아니라 그 개인이 어떤 문화적 배경을 갖고 있는지에 따라 달라진다는 것이 알려져" 있습니다(R. 레이, 『고통의 역사』).

신체적 고통과 같은 물리적·생리적 경험조차 역사적인 또는 문화적인 조건에 의해 전혀 달라집니다. 무엇을 고통이라고 느끼고 무엇을 고통이라고 느끼지 않는가, 라는 '고통의 역치'는 그 사람이 어떤 문화적 관계망 속에 위치하고 있는지에 따라 변합니다.

이를 거꾸로 말하면 신체를 문화적인 통제 또는 정치적인 기술에 의해 새로 조형할 수 있으며 변용하고 길들일 수 있다는 뜻입니다. 앞의 나폴레옹 군대 병사의 경우만 보더라도, '프랑스 혁명의 대의'에 관한 철저한 이데올로기 교육이 성공했다면 '고통을 느끼지 않는 신체'를 가진 병사들을 길러내는 것은 이론적으로 가능한 일입니다. '고통을 느끼지 않는 병사'는 무적의 병사입니다. 모든 정치권력이 민중의 지배와 통제를 통해 곧바로 민중의 신체를 조작 대상으로 조준해온 것은 이런 의미에서 당연한 일입니다.

국가는 신체를 조작한다

근대 프랑스에서 행해진 병사의 조형에 대해 푸코는 이렇게 적었습니다.

18세기 후반에 와서 병사는 만들어질 수 있는 어떤 것으로 변했다. 형태가 갖추어지지 않은 진흙, 곧 부적격한 신체가, 요구하는 것은 무엇이든 할 수 있는 기계로(곧 인간 기계로) 변했다. 자세는 조금씩 교정될 수 있는 것이었고, 계획적인 구속이 서서히 신체의 각 부분을 통하여 영위되었고 그것들을 자유롭게 지배하고 신체 전체를 복종시켜 항구적으로 취급 가능하게 만들고 그리고 자동적인 습관이 되어 암묵리에 남게 되었다. 요컨대 '농민의 요소를 추방하고' 그 대신 '병사의 태도'를 주입시킨 것이다. —『감시와 처벌: 감옥의 탄생』에서

동일한 일이 일본에서도 일어났습니다.

메이지 유신 이후 야마가타 아리토모의 제창에 의해 메이지 6년(1873)에 국민 개병제를 표방하는 징병제가 도입되었습니다. 이 제도의 목적은 천황이 직접 지휘하는 국군 병사를 조직화하는 것으로, 단기적으로는 각지에서 불온한 행동을 보이는(사가(佐賀)의 난, 신부렌(神風連)의 난, 하기(萩)의 난 등이 있었음) 불평불만이 많은 사족(士族)들을 견제하는 의미도 있었습니다.

이때 야마가타의 머릿속에 있었던 근대 병역제의 키워드는 '통제'였습니다.

그것은 두 가지 의미가 있습니다. 하나는 메이지 정부의 지휘에 따르지 않는 각 번(藩)(지역 행정단위—옮긴이)의 사족 병사를 '통제하는' 것이고, 다른 하나는 이제까지 무장한 적이 없는 농민과 상인 등 평민의 신체를 군사적으로 '표준화하는' 것이었습니다. 즉 농민 병사의 신체를 '표준화'해서 중앙권력에 굴복하지 않는 사족 병사의 신체를 '통제한다는' 두 가지 수준에서의 '신체적 통제'가 야마가타에 의해 시도된 것입니다.

메이지 10년에 일어난 세이난(西南) 전쟁은 그 농민 병사가 처음으로 사쓰마 번의 사족 병사와 사투를 벌여 승리를 거둔 전투였습니다. 이때 오쿠보 도시미치 등은 첫 전투에서 불리함을 깨닫고 긴급 피난의 조치로서 각 번에서 사족 병사를 모아야 한다고 주장했습니다. 그러나 야마가타는 어디까지나 평민의 징병을 고집하며 농민 병사를 훈련시켜 전투에 파견해야 한다는 기본 방침에서 물러나지 않았고, "전투에 임박해서 병사를 모집해 그들을 훈련시켜 전투에 보내는 것은 어리석어 보일지는 모르지만 반드시 몇 개월 훈련해서 출병시킬 수 있다"고 주장했습니다(기타자와 가즈토시, 『건강한 일본사』).

기병대 이후 역전의 전투지휘관이었던 야마가타 아리토모는 근대 일본사회에서 가장 푸코적인 '신체의 정치기술'에 통달했던 사람일지도 모르겠습니다. 인간의 신체는 정치적인 기술에 의해 가공될 수 있으며 그것은 몇 개월의 훈련이면 충분하다는 야마가타의 리얼리즘은 창검과 포성 속에서 몸으로 습득한 것입니다. 인간의 신체가 어떻게 하면 움직이고 어떻게 하면 위축되며 어떻게 하면 죽음도 불사하는 강력한 병사로 탄생하는지 등의 조작기술 말입니다. 바로 그만의 고유한 기술이었던 셈이지요.

이 군사적 신체 가공의 '성공(세이난 전쟁에서의 승리)'을 딛고 근대 일본은 '체조'의 도입을 진행시킵니다. 메이지 19년 문부대신이었던 모리 아리노리는 군대에서 행해지던 '군대식 체조'를 학교 교육의 현장에 도입했습니다. 학생들의 신체를 통제하는 것이 '도덕의 향상'과 '근대적인 국가 체제의 완성'에 반드시 필요하다는 것을 알아차렸던 것이지요. 국가 주도에 의한 체조의 보급이 지닌 목적은 단순히 국민의 건강 증진과 체력 향상에 있지 않았습니다. '조작 가능한 신체'와 '순종적인 신체'를 만드는 것이 목적이었지요.

군대에서 체조는 신병에게 집단 전법을 훈련시킬 때 사용됩니다. 체조는 한 사람 한 사람에게 대단한 힘을 기대할 수 없는 전쟁의 신참들을 호령과 함께 일제히 질서정연하게 행동하도록 만드는 훈련입니다. 근대적 군대는 병사들이 개인적인 판단이나 임기응변으로 싸운다기보다는 집단 속에서 사전에 정해진 작은 역할을 부여받고 신호에 따라 그것을 되풀이해서 반복하는 것입니다. (중략) 체조가 집단질서를 높여주는 것을 목적으로 삼는 것은 이 전술상의 필요를 채우기 위해서입니다. 다른 말로 하면 그것은 평범한 능력밖에 기대할 수 없는 개인을 유효하게 활용하기 위한 방법이기도 합니다. ―『건강한 일본사』에서

근대 국가는 예외 없이 국민의 신체를 통제하고 표준화하며 조작 가능한 '관리하기 쉬운 형태'로 두는 것, 즉 '순종적인 신체'를 조형하는 것을 정치적 과제 가운데 최우선으로 내걸었습니다. '신체에 대한 권력의 기술론'이야말로 근대 국가를 건설하는 데 초석이 된 정치기술입니다.

당연한 말이지만, 그 기술은 처음 국가의 무장 장치인 병사들의 신체를 표준화하고 통제하려고 합니다. 그러나 거기서 멈추지 않고, 모리 아리노리의 군대식 체조와 마찬가지로 그 다음에는 반드시 '감시하고 훈련시키고 교정해야 할 사람들, 광인, 아이들, 학생, 식민지의 원주민, 생산 수단에 구속되어 있는 사람들, 살아 있

는 동안 계속 감시해야 하는 사람들(『감시와 처벌: 감옥의 탄생』)'을 향해 동일한 정치기술이 적용됩니다.

신체를 표적으로 하는 정치기술이 목적으로 하는 것은 단지 신체의 지배만은 아닙니다. 신체의 지배를 통해서 정신을 지배하는 것이 이 정치기술의 최종 목적입니다. 이 기술의 요체는 강제 지배가 아닙니다. 통제되고 있는 사람이 '통제되고 있다'는 것을 감지하지 못하고 스스로, 자기 의지를 토대로, 자기의 내발적인 욕망에 의해 순종적인 '신민'이 되어 권력의 그물코 속에 자기를 등록하도록 만드는 것입니다.

정치권력이 신민을 조종하려고 할 때 권력은 반드시 '신체'를 표적으로 합니다. 모든 정치권력은 갑자기 인간의 '정신'과 마주하고 의식 과정을 주무를 수가 없습니다. '장수를 쏘지 말고 말을 쏘라' 또는 '정신을 통제하지 말고 먼저 신체를 통제하라'와 같은 것들이 바로 그러한 이야기입니다.

신체는 권력의 대상 및 표적으로서 발견되었다. 신체에 대한 조작되고, 형성되고, 훈련되고, 복종되고, 호응되고, 능력이 부여되든가 또는 힘이 다양하게 되는 그러한 대규모의 관심이 주어진 여러 특징이 쉽게 발견되었다. ―『감시와 처벌: 감옥의 탄생』에서

권력이 신체에 '각인을 찍고, 훈육하고, 심하게 괴롭히는' 실

제의 예를 하나 들어보겠습니다. 1960년대부터 일본에서 전국의 초중학교에 보급된 '체육 앉기' 또는 '삼각 앉기'라고 불리는 것입니다.

이것은 체육관이나 운동장에서 학생들을 땅바닥에 앉힐 때 두 무릎을 두 손으로 감싸게 만드는 것을 가리킵니다. 다케우치 도시하루에 따르면 이것은 일본의 학교가 아이들의 신체에 가한 가장 잔인한 폭력의 하나입니다. 두 손으로 무릎을 감싸게 한 것은 '손장난'을 못하게 하기 위해서입니다. 머리도 좌우로 제대로 돌릴 수 없기 때문에 주의가 산만해지는 것을 방지할 수 있습니다. 가슴 부위를 강하게 압박해서 깊은 호흡을 할 수 없기 때문에 큰 소리도 낼 수 없습니다. 다케우치는 이렇게 적었습니다.

이것은 아이들을 '손도 발도 쓸 수 없는' 모습으로 결박한 것이라고 할 수 있다. 아이들은 말 그대로 자기 손으로 자기를 묶은 것이다. 직접 이 자세를 취해보면 바로 알아차릴 수 있다. 숨을 충분히 쉴 수가 없다. 그러니까 이것은 '숨을 죽이는' 자세이다. 손도 발도 쓰지 못하고 숨을 죽이는 상태로 아이들을 몰아넣고 선생들은 안심한다는 말인가? 이것은 선생에 의한, 그러한 점을 자각하지 못하는 아이들의 몸에 대한 학대다. ―『사고하는 몸』에서

학생들을 가장 효율적으로 관리할 수 있는 신체 통제 자세를

고민한 끝에 선생들은 이 앉는 자세에 이르렀습니다. 그러나 더욱 가혹한 것은 자기의 신체를 자기를 가두는 뇌옥으로 만들고 자기의 사지를 사용해서 자기의 몸을 묶어 호흡을 곤란하게 하는 이 부자연스러운 몸의 사용 방법에 다들 곧바로 익숙해졌다는 사실입니다. 얕은 호흡, 경직되는 등, 마비되어 아무 것도 느낄 수 없는 손과 발 등 이런 상태를 아이들은 '보통' 상태라고 여기고 때로는 '편한 상태'라고 생각하게 되었습니다.

다케우치에 따르면 건물 밖에서 학생들을 앉혀야 하는 경우 이 자세를 취하도록 학교에 통지한 것은 문부성이었고 때는 1958년이었습니다. 이것은 전쟁 이후 일본의 교육이 저지른 가장 음습하고 잔혹한 '신체의 정치 기술'을 행사한 사례입니다.

사람은 왜 성에 대해 말하고 싶어 할까?

푸코는 만년에 자신의 열정을 대저작인 『성의 역사』에 쏟아 부었습니다. 푸코가 이 책에서 의도한 것은 '사람들은 왜 성에 대해 그렇게까지 열정을 담아 이야기하는가?'라는 의문에 답하는 것이었습니다. 그의 의문에 대해 나도 깊이 공감합니다. 어째서 우리는 그렇게 열심히 성적인 쾌락이나 도착, 기이한 습관, 정열, 금기, 신비에 대해 이야기하는 것일까요?

나는 성에 관한 이야기를 즐기지 않기 때문에 소설가나 사회학자, 페미니스트나 주간지가 성을 둘러싼 '새로운' 주장을 끊임없이 생산하고 유통시켜야 한다며 땀 흘리고 분투하고 노력하는 것을 바라보면서 '이 사람들을 성에 대해 말하게 만드는 열정은 어디에서 온 것일까?' 늘 궁금하게 생각하고 있습니다.

그런데 정말 왜 그런 것일까요?

1960년대에 자주 들을 수 있었던 설명은 '오랫동안 성은 억제되어 있었고 권력적으로 관리되었다. 그리고 성에 대해 자유롭게 이야기하는 것은 금지되어 있었다. 이제 우리는 그 억압을 벗어던지고 자유롭게 성에 대해 이야기를 나눌 수 있는 권리를 되찾았다. 자, 이제부터 이야기를 나눠보자. 도착적인 성이나 변태, 불륜에 대해 이야기해보자. 우리는 자유롭고 해방된 인간이니까. 하하하' 라는 식이었지요. 나는 이런 식으로 말하는 사람들은 신뢰하지 않습니다만 그로부터 40여 년 가까이 흘렀어도 성에 대해 말하는 학자들의 말투는 전혀 변하지 않은 것 같습니다. 여기에 푸코도 나와 비슷한 불만을 품고 있었던 모양입니다.

근래 수십 년 동안 우리는 성에 대해 이야기를 할 때 지지 않겠다는 듯이 기를 쓰며 말하고 있다. 기존 질서에 대한 반역의 의식, 자기가 질서문란자임에 대한 자각, (중략) 권력에 대항해서 말하는 것, 진실을 말하는 것, 향락을 약속하는 것, 계몽과 해방과 육체의 쾌락을 하나로 묶는 것, 지에 대한 열정과 규칙을 바꾸려는 의지와 꿈꾸는 유쾌한 낙원 등이 하나가 된 주장을 말하는 것 등이 성을 억압의 어법에서 말하려고 하는 우리의 열정을 내면에서 지지하고 있는 것이다. ─『성의 역사』에서

푸코는 이런 '억압으로부터의 성의 해방'을 크게 외치는 담론들을 '사회의 병리징후'라고 보았습니다. 그리고 거기에 냉철한 비

판적 시선을 들이댑니다.

왜 '우리는 성적으로 억압되어 있다'라고 말하기 위해 '그 정도의 정열'을 대가 없이 쏟는 것일까? 정말로 성은 '억압'되어 있었던 것일까? 성적 억압을 고발하고 있다는 이런 담론들은 사실 고발되는 그 제도와 동일한 역사적 그물코에 속해 있는 것, 동일한 재질로 직조되어 있는 것은 아닌가? 라고 푸코는 공격합니다. 그리고 성을 말하는 담론들을 근대를 관통하는 '지에 대한 의지', 즉 온갖 인간적 군상을 '일람할 수 있는 목록'으로 정리하려는 터무니없는 야심의 흐름 속에 놓습니다.

유럽에서는 17세기 이후 '성에 대해 말하는 것, 슬슬 많은 것을 말하는 것에 대한 제도적 선동'이 관찰됩니다. 그때까지 가톨릭 신자는 고해를 통해 성생활에 대해 의무적으로 상세한 보고를 해야 했습니다(오랫동안 고해실에서 체위나 애무의 방법이나 쾌락의 정확한 순간 등에 대한 상세한 질의응답이 이루어져왔습니다). 여기에 새로운 형태의 성에 대한 담론이 등장합니다. 먼저 문학입니다.

'실제로 행해진 행위뿐만 아니라 관능적인 접촉, 모든 부정적인 시선, 모든 외설적인 언어 등 모든 사념'을 정밀하게 재현하는 것이 문학의 새로운 사명으로 권장되었습니다(이 모험적인 시도의 첫 번째 영웅은 사드 후작입니다).

그리고 의학이 등장합니다. 성적인 일탈은 오랫동안 '자연스럽지 못한 죄'로 형사처분의 대상이었지만 19세기가 되면 그것은 치료의 대상이 됩니다. 그리고 성적 일탈에 대해 철저하게 과학적인 조사가 시행됩니다. 환자의 유전적 자질이 파헤쳐지고 해부학적 이상 또는 외모와 체질의 질환을 찾았는데 이런 모든 것이 과학의 용어로 '담론화' 되었습니다.

이런 식으로 엄청난 수의 성적 이상에 대한 목록이 만들어집니다. 노출증, 페티시즘, 동물애호증, 시간(視姦)애호증, 여성화 증세, 노인애호증, 불감증 등 모든 성적 일탈의 목록화에 의학자들은 과학적 정열을 바쳤습니다. 푸코는 그 감동적이기까지 한 분류에 대한 열정이 성적 일탈의 배제나 억압을 목적으로 하고 있는 것이 아니라고 생각했습니다.

> 이들 무수한 도착적인 성적 행위를 배제하면? 그럴 리가 없다. 그런 것이 아니라 목적은 이들 성적 행위의 모든 것을 목록화해서 한눈에 일람할 수 있도록 만드는 것이다. 중요한 것은 모든 성적 행동을 무질서하게 열거하고 있는 듯 보여주면서 사실은 그것들을 현실 속에서 정리하고 개인 속에서 통합하려고 하는 것이다. ―『성의 역사』에서

인간의 온갖 성적 행위를 망라한 목록을 만드는 것, 그것을 공공화하는 것, '기호'를 공유하는 마니아들을 조직화하는 것, 매춘부나 포르노그래피를 다루는 성 상품 시장을 세우는 것, 의학이나 정신병리학, 사회학 등을 성에 대한 학문적 지식으로 편성하는 것

등 이런 무수한 흐름이 '성의 담론화'라는 담담한 거대 강의 흐름을 구성하고 있습니다. 그리고 일사분란하게 한 방향을 향해 흘러가는 '통제된 욕망'의 모습에서 푸코는 근대 권력 장치의 효과를 간파합니다.

> 단지 성에 관해 이야기할 수 있는 영역이 끊임없이 확대되는 것이 사람들에게 강제되어온 것만은 아니다. 눈에 띄는 것은 담론이 어떤 복잡하고 다기능을 가진 장치를 통해서 성과 접합되어 있다는 점이다. 그 구조를 금지의 규칙과의 관계에서 말하는 것은 불가능하다. 성에 대한 검열? 그렇지 않다. 거기에 설치되어 있는 것은 성과 관계된 담론을 생산하는 장치, 많은 담론을 만들어내는 장치인 것이다. ―『성의 역사』에서

푸코의 사회사를 읽을 때 중요한 것은 그의 '성의 담론화'에 대한 비판에서 엿볼 수 있듯이 '권력'이라는 말을 단순히 '국가권력'이라든지, 그것이 조종하는 각종 '이데올로기 장치'라는 실체로 파악하고 있지 않다는 점입니다. '권력'이란 모든 수준의 인간적 활동을 분류하고, 명명하고, 표준화하여 공공의 문화재로 지의 목록에 등록하려고 하는 '축적 지향성'을 지니고 있습니다. 따라서 권력 비판론이라고 해도, 그것이 방법론적으로 '권력이란 어떤 것이며 어떻게 기능하는가?'를 실질적으로 열거하고 목록화해서 한

눈에 조망할 수 있는 자리를 부여하는 한 그것 자체가 이미 '권력'으로 변해 있는 것입니다.

푸코가 '권력 비판'의 이론을 세웠다는 식으로 결론을 짓는 것 역시 그가 진정으로 원한 일이 아닙니다. 푸코가 지적한 것은 모든 지의 영위가 그것이 세계의 성립이나 인간의 모습에 대한 정보를 정리해서 '축적'하려고 하는 욕망에 의해 구동되는 한 반드시 '권력'적으로 기능한다는 점입니다. 따라서 그렇게 적혀 있는 푸코의 학술적 이론도, 그리고 (이 책을 포함해서) 푸코의 이론에 영향을 받아 기술되거나 소개되는 모든 저술 또한 숙명적으로 '권력'적으로 기능하게 됩니다.

현재 푸코의 저작은 전 세계의 사회과학·인문과학을 연구하는 사람들의 필독서이며 이를 '공부하는' 것은 제도권 내에서 거의 의무처럼 되어 있습니다. 대학원생들은 푸코의 용어를 구사하고 푸코의 도식에 의거해 생각하며 추론하는 것을 거의 강제적으로 하고 있습니다. 이것이야말로 '권력=지'를 낳는 '표준화의 압력'이 아니고 무엇이겠습니까? 스스로 이 역설을 예지하고 푸코는 고통스러웠을 것입니다.

제도에 의심의 눈초리를 보내는 우리의 '의심'까지도, '제도적인 지'로 의심받는 그 제도에 속한다는 불쾌함. 이런 것을 알아차리지 못하고 '권력에 대한 반역'을 활기차게 노래하고 있는 우둔한 학자나 지식인에 대한 모멸감. 이러한 불쾌한 일들에 조종당하는 우리 스스로에 대한 철저한 자기언급이 푸코가 보여준 비평의 핵심입니다('대중을 증오하는' 것도 니체로부터 푸코가 계승한 지적 자질의 하나입니다).

여기에 있는 이 '나'는 도대체 어떤 역사를 경유하여 형성된 것일까? 그것을 묻는 것이 푸코가 주장한 비판의 구조이지만, 사실 그것은 '자기의 눈으로 자기의 뒤통수를 보고 싶다'는 것과 마찬가지로 불가능한 희망입니다. 그러나 이 불가능한 희망에 가진 재산을 모두 건 미셸 푸코의 작업은 그 무모함 때문에라도 앞으로 오랫동안 칭송받을 것입니다.

제4장
바르트와 『글쓰기의 영도』

'객관적인 언어 사용'이 패권을 쥔다

바르트(1915~1980)의 작업은 '기호학'이라는 명칭으로 정리하고 포괄할 수 있습니다.

'기호signe'라는 것은 소쉬르가 정의하고 사용하기 시작한 학술용어입니다. 우리는 별 뜻 없이 '무엇인가의 표시'라는 넓은 의미에서 기호라는 말을 사용합니다. 그러나 소쉬르의 기호에 대한 정의는 조금 더 엄밀합니다. '어떤 표시가 무엇인가를 의미하는 것', 이것이 넓은 의미에서 '기호'에 대한 첫 번째 정의지만 '어떤 표시가 무엇인가를 의미하는' 경우에도 여러 수준이 있기 때문입니다.

예를 들면 '하늘 가득한 검은 구름'은 '폭풍'의 '표시'입니다. 그러나 이것은 소쉬르의 정의대로 하면 기호에 포함되지 않습니다. 왜냐하면 '하늘 가득한 검은 구름'과 '폭풍' 사이에는 자연적인 인과관계가 있기 때문입니다. '번개'와 '천둥'이나 '하품'과

'졸림'도 마찬가지입니다. 이들 모두 자연적인 관계로 묶인 것이기 때문에 인간이 만든 제도가 개입할 여지가 없습니다. 이것은 '징후 indice'라고 부릅니다.

화장실의 입구에는 그곳이 신사용임을 보여주는 표시로서 '양복을 입은 사람 모양의 감색 실루엣'이 그려져 있는 경우가 많습니다(그런 경우 일반적으로 반대쪽 문에는 '스커트를 입은 사람 모양의 붉은 색 실루엣'이 그려져 있습니다). 이 간판도 '어떤 표시가 무엇인가를 의미하는' 것은 분명하지만 역시 '기호'라고 부르지 않습니다. 이것은 '상징symbole'이라고 부릅니다.

상징과 기호는 닮았지만 다른 것입니다. '상징'은 그것이 지시하는 것과 크든 작든 어떤 현실적인 연상으로 결합되어 있습니다 (많은 남성 직장인들이 '감색 양복'을 입고 있습니다).

'저울'은 재판의 공정함을 상징합니다. 그것은 저울의 '무게의 경중을 측정한다'는 기능이 재판을 연상시키기 때문입니다. 저울 대신에 '주전자'를 가지고 가서 재판소 앞에 걸어놓으면 상징으로 기능할 수 없습니다. 상징은 아무 것이나 적용시킬 수 있는 것이 아닙니다.

한편 화장실 문 앞에 걸린 '신사용'이라는 문자는 기호입니다. 이 문자와 '남성은 여기에서 배설을 한다'라는 생활 습관 사이에는 '인위적인 약속' 이외에 그 어떤 자연적인 결합이 없습니다.

이 경우 '표시'는 언어 공동체에 따라 달라집니다(영어권에서는 Gentlemen, 프랑스어권에서는 Hommes라고 표기를 하는데 보는 것처럼 전혀 다른 '표시' 입니다). 거기에 '남성은 여기에서 배설을 해야 한다'는 관습 또한 잘 생각해보면 세계의 모든 집단에 해당되지는 않는다는 것을 알 수 있습니다(배설의 장소를 성별이 아닌 '어른인지 아이인지', '체중이 60킬로그램 이상인지 이하인지', '육식가인지 채식가인지' 등으로 구별하는 집단도 있을 수 있으니까요).

이상에서 본 것처럼 기호라는 것은 어느 사회집단이 인위적으로 약속한 '표시와 의미의 결합'입니다. 기호는 '표시'와 '의미'가 '하나'가 되어 비로소 진정한 의미가 생깁니다. 또한 '표시'와 '의미' 사이에는 어떠한 자연적·내재적 관계도 없습니다. 거기에 있는 것은 순전히 '의미하는 것'과 '의미되는 것'의 기능적 관계뿐입니다.

일례로 장기를 두려고 하는데 졸이 하나 없는 경우, '자, 이걸로 졸을 대신하지 뭐'라고 말하고 귤껍질을 잘라서 장기판에 놓는다고 했을 때 장기를 두는 사람이 그 '약속'에 합의를 하면 장기는 계속 진행됩니다. 그러나 '귤껍질'과 '졸' 사이에는 그 어떠한 자연적이고 사회적인 결합이 없습니다.

이런 엉터리가 '기호'의 본질입니다.

소쉬르는 '귤껍질'과 같은 인위적으로 만들어진 '표시'를 '의미하는 것signifiant(시니피앙)'으로, '장기의 졸의 작용'을 '의미되는 것signifié(시니피에)'이라고 불렀습니다. 기호란 의미하는 것과 의미되는 것의 세트이며, 앞에서 말한 것처럼 이 둘을 합친 것이 '기호'입니다. 이 예에서 알 수 있듯이 어떤 시니피앙과 어떤 시니피에를 결합하기 위해서는 '집합적 기호해독의 규칙'을 정할 필요가 있고 또한 그것으로 충분합니다.

언어뿐만 아니라 예절이나 복장, 먹는 요리, 좋아하는 음악, 타고 다니는 자동차, 살고 있는 집 등이 모두 기호로 기능합니다. 따라서 기호학은 우리 주위에 있는 것이 기호가 될 수 있는지, 그것이 어떤 메시지를 어떤 방식으로 발신하고 어떻게 해독되는지 등을 규명하는 학문입니다. 소쉬르는 기호학을 다음과 같이 정의했습니다.

그러므로 사회생활 속에 있는 기호의 삶을 연구하는 과학을 생각할 수 있다. 그것은 사회 심리학의 일부분을 이룰 것이며 따라서 일반 심리학의 일부분도 형성할 것이다. 우리는 그것을 기호학〔세미올로지. 그리스어의 '세메이온(기호)'에서 유래〕이라고 부르기로 한다. 기호학은 우리에게 기호가 무엇이며 어떤 법칙에 의해 지배되는가를 가르쳐줄 것이다. 기호학은 아직 존재하지 않기 때문에 그것이 어떤 것이 될지는 말할 수 없다. 그러나 그것은 존재할 권리가 있고 그 위치는 미리 정해져 있다. 언어학은 이러한 일반 과학의 한 부분에 지나지 않으며 기호학이 발견하게 될 법칙들은 언어학에도 적용될 수 있을 것이다. 따라서 언어학은 인간적 현상의 총체 속에서 분명히 정의된 영역에

속할 것이다. —『일반 언어학 강의』에서

이렇게 소쉬르가 예언한 기호학을 실제로 전개시키고 문학 텍스트, 영화, 무용, 종교의식, 재판, 패션, 자동차, 유행, 광고, 음악, 요리, 스포츠 등 눈에 들어오는 모든 문화 현상을 '기호'로서 읽고 해석한 것이 롤랑 바르트였습니다.

바르트의 견해는 매우 다채롭습니다. 이 책에서는 그중 '에크리튀르'라는 개념과 '저자의 죽음'이라는 두 가지만을 다루고 해설하겠습니다. 그 외에도 여러 가지 대단한 개념들이 있지만 이 둘만 잘 이해해도 나머지는 '바르트였다면 이런 것을 말하려고 했다'는 사실을 유추할 수 있을 것입니다.

'에크리튀르'라는 말은 지금도 가끔 문학비평 등에서 사용합니다. 1960년대에 바르트가 대유행을 시켰지만 말의 정의는 아직 분명하지 않습니다. 대부분 '대충 이런 의미가 아닐까'라는 식의 또렷하지 않은 용례로 사용된 것으로 기억합니다. 먼저 용어의 정리부터 해보겠습니다.

소쉬르에서 보았듯이 우리의 사고나 경험의 양식은 우리가 쓰는 언어에 많이 의존하고 있기 때문에 사용하는 언어가 달라지면 그에 따라 사고나 경험의 양식도 변하게 됩니다. 우리가 모국어를 즐겁고 자유롭게 쓰고 있다고 믿을 때에도 언어는 우리가 알아차리지 못하는 사이에 어떤 보이지 않는 규칙에 따라 운용됩니다. 여기까지는 이해하기 어렵지 않을 것입니다.

그런데 바르트는 이 보이지 않는 규칙에 두 종류가 있다고 생각했습니다. 그것은 '랑그langue'와 '스틸style'입니다.

랑그라는 것은 우선 '국어'입니다('국어'라고 하면 국가의 공용어라는 한정적인 의미가 부각되기 때문에 이 번역어는 가능한 사용하고 싶지 않습니다. 어떤 랑그를 공유하는 '언어 공동체'는 반드시 정치 단위의 국가와 중첩되는 것이 아니기 때문이지요).

일단 일본인은 일본어라는 랑그를 모국어로 삼고 있습니다. 따라서 일본어로 쓰거나 말을 할 때에는 일본어의 문법에 따르고 일본어의 어휘를 사용하며 일본어에 등록되어 있는 소리로 발음합니다. 무엇인가를 전달하기 위해서는 (마음속으로 혼잣말을 하는 경우에도) 일본어로 통하는 말을 사용해야 합니다. 이것이 랑그입니다. 바르트의 정의를 빌리면 '어느 시대의 글을 쓰는 사람 전원에 의해 공유되는 규칙과 습관의 집합체'입니다.

랑그가 '외부로부터의' 규제라고 한다면 그것과는 별개로 우리가 무엇인가 말을 할 때 우리의 언어 운용을 '내부에서' 규제하는 것들이 있습니다. 개인적인 '언어 감각'이라고 할 만한 것들입니다.

우리는 한 사람 한 사람 고유의 언어적인 감수성을 갖고 있습니다. 이야기를 할 때의 속도나 리듬감, 음감, 운율, 호흡 등이 그것이고, 글을 쓸 때라면 문자의 형태로서의 인상, 비유, 문장의 호흡 등을 말합니다. 이들 모두에서 우리가 '개인적으로 선호하는' 것이 있습니다. 세련되고 리듬감 있게 말하는 것을 좋아하는 사람이 있는 반면 천천히 흘러가듯 글을 쓰기 좋아하는 사람도 있습니다. 여백이 많은 페이지를 좋아하는 사람이 있는가 하면 한자나 영어, 특수기호가 빼곡히 차 있는 페이지를 좋아하는 사람도 있습니다. 이것은 그 사람의 '선호도'라는 것 이외에 달리 설명할 방법이 없습니다. 이 선호는 한 사람 한 사람 신체의 깊은 곳에 뿌리를 내리고 있어 우리가 쓰는 모든 말에 지문처럼 따라다닙니다.

바르트는 '쓰는 사람의 영광, 뇌옥, 고독'인 이 개인적이고 생래적인 언어 감각을 '스틸'이라고 불렀습니다. 스틸은 흔히 '문체'라고 번역되지만 그러면 뒤에 살펴볼 '에크리튀르'과 구별하기 힘들기 때문에 여기서는 프랑스어를 그대로 쓰겠습니다.

이처럼 랑그는 외부, 스틸은 내부라는 두 종류의 보이지 않는 규칙이 우리의 언어 사용을 규제합니다.

그러나 사실 우리의 언어 사용을 규제하는 것은 이 두 가지뿐이 아닙니다. 바르트는 이들 외에 제3의 규제를 발견했습니다. 그것이 '에크리튀르écriture'입니다(에크리튀르는 프랑스어로서 우리말로 '글쓰기'나 '복합적인 글쓰기' 등으로 번역이 되는데 이 책에서는 의미를 한정할 수 없는 바르트의 중요한 개념이기 때문에 그대로 노출시켰음—옮긴이).

우리는 랑그나 스틸을 선택할 수가 없습니다(내게 일본어는 그 것 없이는 아무 것도 생각할 수 없는 모국어이며 어감이나 리듬에 대한 선호는 의식적으로 바꾸려고 해도 바뀌지 않습니다). 그러나 어느 국어의 내부에서 태어나 어느 생득적인 언어 감각이 각인되었다고 해도 우리는 어떤 언어를 사용할지 그 종류를 선택할 수 있습니다. 이때의 '언어 사용'이 '에크리튀르'입니다.

에크리튀르와 스틸은 다릅니다. 스틸은 어디까지나 개인적인 선호이지만 에크리튀르는 집단적으로 선택되고 실천되는 '선호'입니다.

예를 들면 한 중학생 남자아이가 어느 날 1인칭 표현을 '제가'에서 '내가'로 바꾸었습니다. 본인 스스로 말입니다. 그러나 선택된 주어는 소년의 발명이 아니라 어느 사회집단이 이미 집합적으로 채용하고 있던 것입니다. 소년은 그것을 그대로 차용해 받아들인 것이지요.

그런데 이 '제가'에서 '내가'로의 주어의 변화는 거기에서 머무르지 않고 곧바로 그의 언어 사용 전체에 영향을 미칩니다. 발성이나 어휘, 억양이나 글자체 등이 모두 바뀝니다. 뿐만 아니라 머리 모양, 복장, 기호품에서 생활 습관, 몸의 움직임까지 소년은 '내가'라는 주어에 상응하는 무형의 압력을 느끼지 않을 수 없습니다 (만화 캐릭터가 새겨진 잠옷을 입고 잘 수가 없게 됩니다).

"에크리튀르는 글을 쓰는 사람이 자기가 지닌 '자연'적 어법에 부여해야 하는 사회적 장을 선택하는 것"이라고 바르트는 썼습니다.

> 우리는 모두 자기가 사용하고 있는 어법의 진리 속에, 즉 그 지역성 속에 붙들려 있다. 나의 어법과 이웃 사람의 어법 사이에는 격렬한 경쟁관계가 있고 우리는 그곳으로 끌려 들어간다. 왜냐하면 모든 어법(모든 픽션)은 패권을 다투는 투쟁이기 때문이다. 따라서 한번 어떤 어법이 패권을 손에 넣으면 그것은 사회생활의 전역으로 퍼지고 징후가 없는 '편견doxa'이 된다. 정치가나 관료가 말하는 비정치적인 언어, 신문이나 텔레비전, 라디오가 떠드는 언어, 일상의 수다. 그것이 패권을 장악한 어법이다. ―『텍스트의 즐거움』에서

이 문장에서 바르트는 '어법langage'이라는 말을 '에크리튀르'와 거의 비슷한 의미로 사용하고 있습니다. 우리는 자기가 속한 집단이나 사회적 입장에 따라 여러 가지 '지역적인 언어 사용'을 선택합니다(한 명의 인간이 상대방이나 주어진 상황에 따라 복수의 어법을 사용할 수 있습니다). 그리고 일단 어떤 어법을 선택한 순간 자기가 선택한 어법이 강요하는 '형태'로 말하게 됩니다.

예를 들면 내가 '아저씨의 에크리튀르'로 말을 하기 시작하면 내 입은 내 의지와 관계없이 갑자기 현상에 대해 긍정적이고 우둔한 말을 쏟아내기 시작합니다. '교사의 에크리튀르'로 교체하면 그

순간 나는 설교를 늘어놓고 고자세를 취하는 인간이 됩니다. 마찬가지로 깡패는 '깡패의 에크리튀르'로 말하고 비즈니스맨은 '비즈니스맨의 에크리튀르'로 말합니다. 그리고 그 언어 사용은 몰래 그 삶을 통제합니다. 이러한 의미에서 우리는 '에크리튀르의 죄수' 입니다. 바르트가 말하는 대로 에크리튀르가 자유로운 것은 그저 선택의 행위를 할 때뿐이며 일단 그 에크리튀르가 지속되고 나면 그것은 더 이상 자유롭지 못합니다.

여기서 바르트가 경고하고 있는 것은 특히 '어떤 집단 고유의 에크리튀르'라고 특정하기 어려운, 지나치게 넓은 범위를 지닌 어법이 지닌 위험성입니다.

'징후가 없는 언어 사용'이 바로 '패권을 쥔 어법'입니다. 그 어법은 그 사회의 '객관적인 언어 사용'입니다. 즉 어떤 주관적인 의견이나 개인적인 인상을 말하는 것이 아니라, 객관적이고 개인의 감정이 들어가 있지 않은 가치중립적인 의미에서 사용하는 언어 사용을 말합니다. 바르트는 이처럼 가치중립적으로 보이는 어법이 포함한 '예단'과 '편견'을 주의해야 한다고 지적합니다.

가치중립적인 어법 속에 그 사회집단 전원이 무의식적으로 공유하고 있는 이데올로기가 깃들어 있다는 바르트의 생각을 보다 교묘하게 활용한 것이 페미니즘 비평의 언어론입니다.

페미니즘 비평 이론의 주장에 따르면 우리 사회의 '자연적인 어법'이란 '남성중심주의'적인 어법입니다. 그것은 온갖 기호 조작을 통해서 끊임없이 남성의 우월성과 위신을 말하고, 정치권력과 사회적·문화적 자원을 오직 남성에게 귀속하는 것을 정당화하는 '언어 사용'입니다. 따라서 남자든 여자든 '자연적인 어법'으로 말할 때마다 우리 사회에서 '패권을 쥔 성 이데올로기'를 되풀이해서 승인하고 찬미하게 됩니다.

'패권을 쥔 성 이데올로기'를 비판하기 위해서는 도대체 어떤 '언어 사용'을 해야 하는가라는 어려운 물음을 둘러싸고 쇼샤나 펠만은 이렇게 주장했습니다.

> 우리 속에 묻혀 있는 남성적 정신을 쫓아내는 것이 필요하다는 것은 우리도 인정하고 있고 이 주장을 지지한다. 그렇지만 우리 스스로 이미 남성적인 정신을 내포하고 있어서 사회에 말을 던질 때 자기도 모르는 사이에 '남자로서 던지도록' 훈련받고 있는 것은 아닌가? 텍스트를 지배하고 있는 것은 남성 주인공이기 때문에 그 남성 중심적인 견해에 자기를 동일화하도록 주입받아온 것이다. ―『여자가 읽을 때, 여자가 쓸 때―자전적 페미니즘 비평』에서

펠만이 말하는 것처럼 우리는 (자기가 누구인지를 잊고) 쉽게 텍스트를 지배하고 있는 주인공의 견해에 동화됩니다. 그것이 현실에서 나와 적대적인 인물이나 나를 억압하는 인물이라고 해도 말이지요.

미국 영화인 〈진주만〉을 보고 있는 나는 주인공과 일본 비행사가 벌이는 공중전을 보면서 계속해서 미국 비행사의 승리를 바라고 일본 비행사가 조종하는 비행기가 추락하기를 기원합니다. 홍콩 영화인 〈정무문〉을 보면서 악랄한 일본인 무술가를 때려눕히는 이소룡의 활약에 뜨거운 박수를 보냅니다.

저만 그런 것이 아닙니다. 어떤 영화평론가는 아프리카의 상아해안(코트디부아르)의 한 영화관에서 터져 나온 흑인 관객들의 우레와 같은 박수 사례를 보고한 적이 있습니다. 백인 선장으로 나오는 조지 라프트가 적에게 쫓길 때 배의 무게를 가볍게 하기 위해 '짐짝'인 흑인노예를 바다에 던져버리는 장면에서 생긴 일이었습니다(에드가 모랭, 『영화 ―또는 상상 속의 인간』).

인간이란 이런 존재입니다.

일상적인 경험에서도 알 수 있듯이 우리는 확고한 견해를 가진 인간으로 텍스트를 읽고 있는 것이 결코 아닙니다. 오히려 앞에서 말한 영화의 예에서 보듯이 텍스트 쪽이 우리를 '그 텍스트를 읽을 수 있는 주체'로 형성합니다.

텍스트와 독자 사이에 이처럼 '얽힌' 구조가 있음을 알아차리고 그것을 비평의 기본원리로 제시한 것이 바르트가 텍스트 이론가로서 남긴 가장 큰 업적입니다.

텍스트와 독자는 사전에 독립적으로 존재하는 것이 아닙니다. 예를 들면 매우 충격이 강한 책의 경우 마지막까지 읽은 다음 성이 차지 않아 다시 읽을 때가 있습니다. 그리고 두 번째 읽으면서 첫 번째 읽을 때 알아채지 못했던 의미를 발견할 때가 있습니다. 처음 읽을 때 놓친 의미를 어떻게 발견할 수 있을까요? 그것은 그 책을 한번 끝까지 읽은 덕분에 우리의 견해에 미묘한 변화가 생겼기 때문입니다. 즉 그 책으로부터 새로운 의미를 읽어내는 '읽을 수 있는 주체'로 우리를 형성한 것은 텍스트를 읽는 경험 그 자체였던 것입니다.

독자의 탄생과 저자의 죽음

바르트의 이 텍스트 이론은 '저자'라는 근대적인 개념이 통용되는 시기가 이미 지났음을 시사합니다.

최근 인터넷에서 텍스트나 음악, 도상의 저작권에 대해 여러 가지 논의가 전개되고 있습니다. 그런데 바르트는 이미 30년 전에 저작권을 뜻하는 '카피라이트'를 원리적으로 부정하는 입장을 분명하게 밝혔습니다.

바르트는 작품의 기원에 '저자'가 있고 그 사람에게는 무엇인가 '말하고 싶은' 것이 있어서 그것을 이야기나 영상, 그림, 음악을 '매개'로 독자나 감상자에게 '전달'하는 것이라는 단선적인 도식을 부정했습니다. 음악이나 영화는 일단 제쳐두고 여기서는 문학에만 한정해 이야기하겠습니다.

카피라이트라는 개념은 문화적 생산물이 '단일한 생산자'를 가진다는 전제가 없으면 성립되지 않습니다. '저자'란 어떤 것을

'0에서부터' 창조한 사람입니다. 성서적인 전통에 의해 함양된 유럽 문화에서 볼 때 그것은 '조물주'를 모방한 개념입니다. 누군가가 '무로부터의 창조'를 이루어냈고, 그렇다면 창조된 것은 조물주의 '소유물'이다. 이런 생각은 매우 자연스러운 것입니다.

근대까지의 비평은 이런 신학적인 신빙성 위에 성립되었습니다. 즉 저자는 작품을 '무에서 창조한' 조물주라고 말입니다. 따라서 작품의 유통에 의해 생긴 이익이 저자에게 인세로서 돌아가야 할 뿐만 아니라 저자야말로 그 작품이 무엇을 의미하는지에 대해 완전히 이해하고 있으며 작품의 '비밀' 또한 완전히 파악하고 있다고 생각했습니다.

그렇다면 비평가는 '신=저자'라는 도식에 대해 필연적으로 다음과 같은 물음을 던질 수밖에 없습니다.

'이 작품의 의미는 무엇이고, 당신은 이 작품을 통해서 무엇을 표현하고 전달하려고 하는가?'

이 물음이 근대비평의 기본적인 형태를 만들어냈습니다. 비평가들은 '행간'을 읽고 저자의 '저의'를 찾는 데에 열중했습니다. 그러나 그들은 곧바로 그런 작업이 별로 성과가 없다는 것을 깨달았습니다. 여러모로 조사해본 결과 저자들이 '자기가 무엇을 썼는지'에 대해 확실히 이해하고 있다고 보장할 수는 없음을 알게 된 것입니다.

무라카미 류는 어느 인터뷰에서 "이 소설에서 당신이 말하고

자 한 것은 무엇입니까?"라는 질문에 대해 "그것에 답할 수 있다면 소설 따위는 쓰지도 않을 것입니다"라며 얼굴을 찡그렸습니다. 그가 말한 대로입니다. 대답하고 싶어도 대답할 수가 없습니다. 저자도 모릅니다. 만약 무라카미 류가 '이 소설은 어떠어떠하다'라고 '해설'을 했다고 해도 '비평가 무라카미 류'가 어떤 소설을 '비평'한 것이지 '저자 무라카미 류'가 그렇게 한 것이 아닙니다.

언어를 사용할 때 우리는 기호를 '너무 많이 쓰든지' 또는 '적게 쓰든지' 둘 중 하나일 수밖에 없습니다. 우리는 언어 기호를 적절히 사용할 수가 없습니다. 말하려고 하는 것은 입 밖으로 나오지 않고 말하지 않으려고 했던 것이 입 밖으로 나옵니다. 그것은 인간이 언어를 사용할 때 떠안게 되는 숙명이나 다름없습니다.

'저자가 말하려고 하는 것'을 특별히 정하는 일이 원리적으로 힘들다는 것을 알게 된 비평가들은 어쩔 수 없이 저자가 '그것을 알아차리지 못하고 말한 것'에 초점을 맞추게 됩니다. 그래서 이번에는 저자의 가정환경, 유아 때의 체험, 독서 경험, 정치적 사상, 종교, 병과 질환, 성적 기호 등에서 작품의 '비밀'을 찾으려고 합니다. 그것은 독해를 통해 저자가 글을 쓰게 된 동기를 낳은 '초기 조건'을 파고드는 일입니다. 그것을 정확하게 알아내어 작품의 성립에 대해 설명할 수 있으면 비평가의 승리, 저자의 '비밀'을 손에 넣지 못하면 패배하는 것이지요. 현재의 문예비평 대다수는 '저자가 작품을 쓰게 된 계기의 초기 조건을 찾는 일'이라는 근대비평의 기본 형태를 그대로 답습하고 있습니다.

바르트는 근대비평의 이러한 원칙을 밀어냅니다. 그는 텍스트가 생성하는 과정에 '기원=초기 조건'이라는 것이 존재하지 않는다고 말하기 시작했습니다. 바르트는 이 말을 하기 위해 '작품'이라는 말을 피하고 '텍스트'라는 말을 골랐습니다.

'텍스트texte'란 '직조된 것tissu'입니다.

이 '직조물'은 다양한 곳으로부터 모인 다양한 요소로 채워져 있습니다. 한편의 텍스트가 만들어지기까지 수많은 것들이 필요합니다. 주제나 문체, 원고 매수, 동시대적인 사건, 다른 텍스트에 대한 의식과 경합 등 이런 각각의 것들은 고유의 행동을 합니다. 그러나 그것들이 얽혀 어느새 '텍스처texture'가 직조됩니다. 이를 생각해볼 때 '저자는 무엇을 표현하기 위해 이것을 직조했는가?'라고 한정적으로 묻는 것은 별로 의미 있는 일은 아니겠지요?

텍스트는 직물을 뜻한다. 그런데 지금까지 사람들은 이 직물을 그 뒤에 다소간의 의미(진리)가 감추어져 있는 하나의 산물, 완결된 베일로 간주해왔다. 이제 우리는 이 직물에서 지속적인 짜임을 통해 텍스트가 만들어지며 작업되는 생성적인 개념을 강조하고자 한다. 이 직물, 이 짜임새 안으로 사라진 주체는 마치 거미줄을 만드는 분비액을 토해내며 점점 약해지는 한 마리의 거미와도 같은 자신을 해체한다. 우리가 신어新語 사용을 좋아한다면 우리는 텍스트론을 거미학이라 정

의할 수 있을 것이다. ―『텍스트의 즐거움』에서

이 '거미의 집(웹)'의 비유는 현재 웹 위를 오가는 다양한 정보와 그것을 만들어 배포한 사람의 관계를 생각해보면 매우 적절한 것이라는 생각이 듭니다. 우리는 인터넷 텍스트를 읽을 때 그것을 '원래 누가 만들어서 배포한 것인가?' 하는 문제에 대해서는 거의 흥미를 갖지 않습니다. 누가 처음으로 만들어 배포했든 그것은 인터넷 위에서 복사·전송되고 링크되는 사이에 변용과 증식이 이루어지며, '원래 누가?' 라는 물음은 무의미해집니다. 문제는 그것을 내가 읽을지 읽지 않을지, 읽은 다음 자기의 사이트로 전송하거나 또는 링크할지 등의 판단에 맡겨집니다. 이것은 바르트가 말한 '저자의 죽음'과 상당히 가까운 생각입니다.

텍스트는 수많은 문화에서 온 복합적인 글쓰기들(에크리튀르)로 이루어져 서로 대화하고 풍자하고 반박한다. 그러나 이런 다양성이 집결되는 한 장소가 있는데 그 장소는 지금까지 말해온 것처럼 저자가 아닌 바로 독자이다. 독자는 글쓰기를 이루는 모든 인용들이 하나도 상실됨 없이 기재되는 공간이다. 텍스트의 통일성은 그 기원이 아닌 목적지에 있다. 그러나 이 목적지는 더 이상 개인적인 것일 수는 없다. (중략) 독자의 탄생은 저자의 죽음이라는 대가를 치러야 한다. ―『텍스트의 즐거움』에서

이 말은 그대로 인터넷과 텍스트에 적용됩니다. 고전적인 의미에서 카피라이트는 인터넷과 텍스트에 대해 거의 무의미합니다. 음악이나 도상에 대해 카피라이트를 고수해야 한다고 주장하는 사람들이 있습니다. 그러나 요즘은 오히려 자기의 작품이 되풀이해서 복사되고 향유되는 것은 자랑해야 할 일이며 그 이상의 금전적인 보상을 바라면 안 된다는 새로운 발상도 등장하고 있습니다.

그 선두에 선 것이 리눅스 OS입니다.

리눅스는 1991년에 핀란드의 한 천재 해커가 만든 OS에 대한 아이디어입니다. 그는 그것을 인터넷에 공개해서 이 OS 개발을 전 세계에 호소했습니다. '누구나 참가할 수 있는 OS 개발'이라는 이 프로젝트에 자원봉사로 참가한 컴퓨터 관계자가 무려 10만 명이 넘습니다. 이 사람들이 다양한 지혜를 모아서 인터넷상에서 의견을 주고받고 아이디어를 공유하며 눈 깜빡할 사이에 리눅스는 매우 빠른 '진화'를 거듭했고 지금도 '초 단위의' 변용을 하고 있습니다.

리눅스 OS의 특징은 어떤 구조인지 모두 공개된다는 점, 개조가 자유롭다는 점, 전 세계의 자원봉사자들에 의해 현재 진행되는 공동 개발이기 때문에 문제점의 수정이 신속하게 이루어진다는 점을 꼽을 수 있습니다.

그러나 중요한 것은 이 OS를 개발한 리누스 토르발스가 천문학적인 이익을 포기하고 OS를 인터넷에 무료로 공개했다는 점입니다. 그는 많은 사람들과 협력해 뛰어난 OS를 제작하는 것이 혼자 큰 부자가 되는 것보다 더 중요하다고 생각했던 것입니다. 그의 이름을 딴 OS가 세계 표준이 되고 전 세계 해커들이 존경심을 담아 그의 이름을 불러줄 때의 즐거움을 택한 것이죠.

그가 원한 것은 근대적인 카피라이트에 의해 '저자'가 얻는 것과는 다른 방향을 향하고 있습니다. 근대적인 저자는 자기의 작품을 일원적으로 관리하기 원했지만 리눅스로 대표되는 '오픈 소스'의 이상이 목표로 하는 것은 그 반대입니다('오픈 소스'라는 것은 이 세계에 대해 우리가 뭔가 얻어 갈 수 있는 정보라면 제한 없이 개방해야 한다는 생각입니다).

리누스 토르발스는 자기의 작품을 세계에 공개했습니다. 그것을 개량·발전시켜 이용하는 사람들 스스로 작품의 의미와 가치를 찾아내도록 한 것입니다. 만약 그것이 문학작품이었다면 그는 그것을 무상으로 배포하고, 독자가 그것을 어떻게 향유하고 개작하고 인용하든 그들에게 자유롭게 맡긴 셈이 됩니다.

저자나 예술가들이 카피라이트를 행사해서 얻을 수 있는 금전적인 보상에서보다 자기의 아이디어나 창의성, 견해가 전 세계 사람들에게 공유되고 향유된다는 점에서 더 깊은 만족을 찾으려고 하는 모습이 매력적입니다. 그것이 텍스트의 생성이라는 운동 속에서 명성이나 이익, 권력이 아닌 '즐거움'을 찾아낸 바르트의 자세를 계승한 사고방식처럼 보이기 때문입니다.

'순수한 언어'라는 불가능한 꿈

나에게 구조주의 이론 가운데 일본인의 정신에 깊이 뿌리를 내리고 있어 가장 익숙한 것을 꼽으라면 바르트의 견해를 고르겠습니다. 거기에는 이유가 있습니다. 그것은 롤랑 바르트가 일본 문화를 기호 운용의 '이상理想'이라고 간주한 어처구니없는 편견의 소유자였기 때문입니다.

바르트는 독특한 성향을 지니고 있었습니다. 그것은 '공空'과 '사이[間]'에 대한 편애입니다. 이 개념은 분명 유럽적인 것이 아닙니다. 왜냐하면 유럽적 전통에서 볼 때 '공'은 충전되어야 할 부재이며 '사이'는 연결되어야 할 결여이기 때문입니다. 그러나 바르트는 우주를 빼곡하게 '의미'로 가득 채우는 것, 온갖 사상에 '근거'나 '이유'나 '역사'를 갖다 대는 것도 나름대로 소중하지만 그것이 유럽적 정신이 지닌 '질병의 징후'는 아닐지 의심했습니다. 그는 공은 '공으로서' 기능하며 무의미에는 '의미를 갖지 않는다는' 책무가 있고 사물과 사물 사이에는 '뛰어넘을 수 없는 거리'가 유지되어야 한다고 생각하는 것은 불가능할까? 하고 물었습니다. 그리고 그 답을 일본 문화에서 찾았다고 믿었습니다.

바르트의 이름을 높인 것은 『글쓰기의 영도』라는 책이지만 그 속에서 바르트가 탐구한 것은 '어법의 각인이 찍힌 질서에 대한 어떤 노예적 복종에서 해방된 순수한 에크리튀르', 즉 아무 것도 주장하지 않고 아무 것도 부정하지 않고 그저 거기에 우뚝 서 있는 순수한 언어라는 불가능한 꿈이었습니다.

'에크리튀르의 영도'라는 것은 직설적인 에크리튀르, 이렇게 말해도 된다면 '모드mode'를 갖지 않는 에크리튀르를 가리킨다. 저널리스트의 에크리튀르라고 말해도 좋을 것이다. 다만 그것은 저널리즘이 희망이나 명령어법(즉 감상적인 어법)으로 말하지 않는다는 조건이 충족되었을 때로 한정된다. 이 새로운 에크리튀르는 절규와 판결문의 중간에 위치하고 어디에도 관여하지 않는다. 바로 그런 것을 결여한 에크리튀르이다. 다만 그 결여는 완전이다. 거기에는 저의도 비밀도 아무 것도 없다. 비정한 에크리튀르라고 말해도 좋다. 그러나 나는 오히려 이것을 순수한 에크리튀르라고 부르고 싶다. ─『글쓰기의 영도』에서

에크리튀르의 영도, 순수한 에크리튀르란 희망·금지·명

령·판단 등 말하는 사람의 주관적인 개입이 전혀 없는 '순백의' 에크리튀르를 가리킵니다. 이것이 바르트가 평생에 걸쳐 추구한 언어의 꿈이었습니다.

그러나 에크리튀르만큼 사람을 잘 배신하는 것이 없습니다. 바르트가 이상으로 삼았던 '저널리스트의 에크리튀르', '르포르타주의 어법', '다큐멘터리의 시선'이 말하는 사람의 주관이나 욕망에 의해 얼마나 많이 오염되어 있는지 우리는 잘 알고 있습니다. 이제 텔레비전 뉴스의 영상이 '사실을 있는 그대로 비춰준다'고 믿을 만큼 순진한 시청자는 없습니다. 동일한 영상자료를 사용해도 편집을 바꾸고 내레이션을 바꾸고 음악을 바꾸면 전혀 다른 메시지를 보낼 수 있음을 이미 알고 있기 때문입니다.

바르트는 알베르 카뮈의 『이방인』의 에크리튀르를 '이상적인 문체'라고 극찬했습니다. 이 소설은 저자가 주인공의 행동이나 발언을 모두 다 안다는 식으로 '설명'하거나, 혹은 주인공의 '내면'에 파고드는 것을 극도로 자제하고 있습니다. 그 결과 기적적으로 사실만을 담담하고 적확하게 기술하는 건조하고 울림 좋은 문체가 만들어졌습니다. 『이방인』의 에크리튀르는 '순수한 에크리튀르'의 훌륭한 예라고 할 수 있습니다. 그러나 일단 사람들이 알베르 카뮈의 에크리튀르를 '아름다운 문장의 모범'으로 받들기 시작하면 그 또한 제도적인 어법이 될 수밖에 없습니다. '카뮈를 흉내 낸 글을 쓰는' 저자들이 나타나기 시작하면 그것은 이미 '순수한 에크리튀르'가 될 수가 없습니다.

온갖 에크리튀르는 그것을 선택한 순간만 '자유의 환영'을 보였다가 다음 순간에 이미 경직되고 그 사용자에게 노예의 복종을 강요하는 장치로 변하고 맙니다. 저널리즘도, 『이방인』도, 초현실주의도, 누보로망도 마찬가지입니다. 이후 모든 에크리튀르의 모험에 환멸을 느낀 바르트가 어쩌다가 만난 것이 일본의 '하이쿠俳句'였습니다. 바르트는 바쇼가 쓴 한 구절에 대해 논하며 이렇게 적었습니다.

'이미 네 시/ 나는 아홉 번 일어났다/ 달을 사랑하기 위해.' 주석자는 이 구절을 이렇게 해석한다. '달이 너무 아름답기 때문에 시인은 몇 번이고 일어나 창 너머로 달을 바라본다'라고. 암호를 해독하고 번호를 매기고 같은 말을 반복한다. 유럽의 해석 방법은 결국 이렇다. 그것은 의미를 '관통하고', 의미를 강하게 삽입할 뿐이다. (중략) 따라서 유럽적인 해석은 결코 하이쿠 그 자체에 이를 수 없다. 왜냐하면 하이쿠를 읽는다는 것은 언어에 대해 욕정을 느끼게 하는 것이 아니라 언어를 중단하는 것이기 때문이다. —『기호의 제국』에서

바르트는 성적인 비유를 사용해서 유럽적 해석의 폭력성을 강조하려고 했습니다. 유럽의 언어는 '욕정을 느끼는' 언어입니다.

대상을 벌거벗기고 모든 것을 노출시켜 의미로 채우는 것을 목적으로 삼습니다. 그러나 말의 의미를 완전히 해명하는 것을 목적으로 삼는 유럽적인 해석에 사로잡혀 있는 한 하이쿠의 풍미에 이를 수는 없겠지요. 오히려 하이쿠는 해석을 자제할 때에만 그 참된 미적 가치가 열린다고 바르트는 말했습니다.

하이쿠의 해석은 선승이 스승으로부터 받은 '화두'를 해석하는 작업과 비슷합니다. 이 과제의 목적은 화두에 대해 일의적인 해석을 찾는 것이 아닙니다. 그저 오로지 그것을 완미하고 결국 거기서 의미가 박탈될 때까지 그것을 계속 '씹는' 것을 뜻합니다. 이 '의미를 부여하고 해석에 매듭을 짓는' 일을 극히 억제하는 것을 바르트는 '언어를 중단하는 것'이라고 표현했습니다.

하이쿠에서는 언어를 아끼는 것이 최우선적으로 배려된다. 이는 우리 유럽인이라면 생각조차 못할 일이다. 그것은 단지 간결하게 말하는 것이 아니다. 오히려 의미의 근원 자체를 다루는 일이다. 하이쿠는 짧은 형식에 응축된 풍부한 사상이 아니다. 거기에 걸맞은 형식을 한꺼번에 드러내는 짧은 사건이다. ―『기호의 제국』에서

하이쿠에 바쳐진 약간은 도가 지나친 찬사와 유럽적인 '의미의 제국주의'에 대해 바르트가 보여준 격렬한 혐오의 옳고 그름을 여기서 다룰 필요는 없습니다. 그러나 바르트의 말처럼 일본의 문

화가 '멋있게 설명하는 것'이나 '무엇이든 시시비비를 분명하게 밝히는 것' 보다, '이유 없이 견디는 것'이나 '어디에도 발 디딜 곳 없이 허공에 한 발 걸쳐 있는 것'을 성숙한 인간을 구분하는 지표로 간주하는 '민족지적인 기이한 습속'을 보존하고 있다는 사실은 분명해 보입니다. 나는 그것이 과연 바르트가 꿈꾸었던 '순수한 에크리튀르'에 이르는 왕도인지 잘 모르겠습니다. 그러나 거기에 대해 끊임없이 고찰하는 것은 일본인에게 허용된 '특권적인 의무'가 아닐까 생각합니다.

제5장

레비스트로스와 끝나지 않는 증여

'구조주의의 시대'가 열리다

　　　　　　　　　　미셸 푸코, 롤랑 바르트의 뒤를 이어 클로드 레비스트로스를 소개합니다.

　레비스트로스(1908~2009)는 소쉬르의 직계인 프라하학파의 로만 야콥슨과의 만남을 통해서 학술적인 방법을 단련한 문화인류학자입니다. 그는 야콥슨으로부터 힌트를 얻어 친족구조를 음운론의 이론 모델로 해석하는 대담한 방법을 생각해냈습니다. 이 아이디어를 발전시켜『친족의 기본구조』나『슬픈 열대』를 저술하는 등 인류학의 현지조사를 통해 학문적 업적을 쌓아 올린 레비스트로스는『야생의 사고』에서 장 폴 사르트르의『변증법적 이성비판』을 통렬하게 비판하고 이를 통해 제2차 세계대전 이후 15년 동안 프랑스 사상계에 군림해온 실존주의에 실질적인 사망선고를 내리게 됩니다.

　언어학을 모델로 삼아 '미개사회'의 현지조사를 자료로 활용하는 문화인류학이라는 매우 비정서적인 학문이 마르크스주의와 하이데거 존재론으로 '완전 무장' 한 사르트르의 실존주의를 분쇄하는 것을 보면서 동시대의 사람들은 경악했습니다. 그러나 이 시점을 기해 프랑스 지식인들은 '의식' 이나 '주체' 에 대해 말하기를 그치고 '규칙' 과 '구조' 에 대해 말하게 되었습니다. 명실상부한 '구조주의의 시대' 가 시작된 것입니다.

이미 앞에서 보았듯이 구조주의는 당파성이나 이데올로기의 성격과는 별로 관계가 없는, 굳이 표현하자면 '상아탑' 적인 학술이기 때문에 딱히 기존의 사상과 입장이 다르다고 말할 수는 없습니다. 그러나 프랑스에서는 지적 위신이 걸린 대단한 투쟁을 통해 등장했습니다. 구조주의의 사상사적 위치를 알기 위해서 여기서 잠시 시간을 쪼개 실존주의와의 대립에 대해 설명하겠습니다.

사르트르의 실존주의는 하이데거, 야스퍼스, 키르케고르 등의 실존 철학에 마르크스주의의 역사 이론을 접합한 것입니다.

'실존한다ex-sistere' 라는 동사는 말의 뜻만 보면 '바깥에 선다' 라는 의미입니다. 자기존립의 근거가 되는 발판을 '자기의 내부' 가 아니라 '자기의 외부' 에 두는 것이 실존주의의 기본적인 자세입니다. 이 점만을 보면 '인간은 생산=노동을 통해서 만들어낸 것을 매개로 자기가 누구인지를 알 수 있다' 라는 헤겔·마르크스주의와 기본적인 틀이 같습니다. '실존' 이라는 학술용어는 일단 '나는 누구인가' 를 알기 위한 실마리로서, 자신의 '현실적인 모습'

이라고 이해하면 됩니다.

'실존은 본질에 선행한다'라는 말은 사르트르의 유명한 말로서, 특정한 상황에서 어떤 결단을 내리는가에 따라 그 인간이 본질적으로 '누구인가'가 결정된다는 뜻입니다('근본은 좋은 사람이지만 현실적으로 나쁜 일만 저지르는 인간'은 실존주의적으로는 '나쁜 사람'으로 평가됩니다). 이런 기초적인 이해에 대해서는 구조주의자도 별로 다른 의견을 내세우지 않습니다. 양자가 대립하는 것은 논쟁이 '주체'나 '역사'와 관계될 때입니다.

우리는 모두 고유한 역사적 상황에 휘말려 있습니다. 예를 들면 나는 일본인이기 때문에 단지 그 이유로 과거 일본의 식민 지배를 받았던 사람들로부터 전쟁의 책임에 대해 추궁당할 때가 있습니다. 내가 전쟁에 참여한 것은 아니지만 내가 태어난 이 나라가 반세기 전에 저지른 행위에 나는 내 의사와 관계없이 결부되어 있으며, 그에 대해 사죄를 하든 무시를 하든 입장을 분명히 하라는 압박을 받습니다. '잘 모르겠습니다. 나는 관계가 없어요. 나는 중립입니다'라고 우는 소리를 해도 책임에서 벗어날 수는 없습니다. 상황이 이미 주어져 있기 때문이지요.

이것이 '참여engagement(앙가주망. 원래의 뜻은 '구속되는 것')'라는 사태입니다. 내가 처해 있는 역사적인 상황은 중립적이지 않고 기다려주지 않으며 결단을 요구합니다. 도대체 무슨 일이 일어나고 있는지, 내가 어떤 결단을 내리는 것이 옳은지에 대해 백

퍼센트 객관적이고 정확한 정보가 제공되지 않기 때문에 단편적인 자료나 직관에 의지해서 판단을 내릴 수밖에 없습니다. 정답을 모르는 채로 판단을 해야 하기 때문에 판단이 틀릴 수도 있지만 '잘 모르는 상태에서 결단을 내린 것'이라는 이유를 대며 책임을 회피할 수도 없습니다. 이러한 다소 슬픈 결단이 '참여하다s engager(원래 뜻은 '자기를 구속하다')'라고 불립니다.

사르트르의 '참여하는 주체'는 주어진 상황에 과감하게 몸을 던지고 주관적인 판단을 토대로 자기가 내린 판단의 책임을 숙연하게 받아들이며, 그 수용을 통해서 '그러한 결단을 내리고 있는 어떤 것'으로서 자기의 본질을 구축해가는 것입니다. 이것은 매우 믿음직한 생활 방식이라고 할 수 있습니다(개인적으로 나도 이런 모습을 매우 좋아합니다). 그러나 그 후의 논의에서 실존주의와 구조주의는 불화를 일으킵니다.

사르트르와 카뮈의 논쟁

원래 '참여하는 주체'는 결단을 내리기 전에 어떻게 결단해야 하는가, 라는 '정답'을 모르고 있습니다(따라서 선의를 가지고 한 행동이 다른 사람을 곤란하게 만들기도 하고 다들 울고불고하는 '부조리'한 일이 일어나기도 합니다). '평가를 후세에 맡긴다'는 말처럼 어떤 결단이 옳았는지에 대해서는 차후에 판정하는 것입니다. 즉 '역사'가 결단의 옳고 그름에 대한 판결을 내린다는 말입니다.

분명 우리 모두 역사적 상황에 휘말려 있지만, 원래 그 역사의 흐름에 규칙이 있고 그것을 올바르게 읽고 대응할 수 있다면 '참여하는 주체'는 늘 올바른 결단을 내릴 수가 있습니다. 한편 마르크스주의자에 따르면 '역사의 법정'은 '역사를 관통하는 철의 법칙'이 차지하고 있습니다. 따라서 이 법칙을 알고 있는 사람은 어떠한 상황에서 결단을 내릴 때 오류를 저지르지 않게 됩니다. 사르트르는 그렇게 생각했습니다(사르트르는 '잘못을 저지르는' 것을 매우 싫어했습니다. 개인적으로는 때때로 정치적 판단이 틀리는 것은 인간이라면 어쩔 수 없는 일이라는 생각이 듭니다만).

예를 들면 1952년에 사르트르와 카뮈의 논쟁에서 사르트르는 역사의 이름으로 카뮈를 고발했습니다.

레지스탕스의 전설적인 투사로 전후 프랑스의 지적 세계에 군림했던 카뮈의 1945년 행보는 역사적으로 '정답'이었습니다. 그러나 역사적 조건이 격변한 7년 후에는 다른 답이 '정답'으로 바뀌었습니다.

역사적 상황의 변동을 확인하고 그때마다 적절한 계급적 임무를 수행하는 것이 지식인의 사명임에도 불구하고 카뮈는 자기변혁의 노력을 게을리했고 지식인으로서의 역사적 책무를 수행하지 않았다. 레지스탕스를 이끌던 때의 카뮈는 역사적으로 옳았지만 동일한 입장에 머물러 제3세계의 민족해방투쟁에 대한 전면적인 참가를 주저하는 카뮈는 역사적으로 틀렸다. 사르트르는 이렇게 썼습니다.

"자네가 자네 모습 그대로 남아 있고 싶다면 자네는 변화해야만 해. 그러나 자네는 변화하는 것을 두려워하고 있어." 사르트르는 이렇게 말하고 과거 절친한 동지였던 카뮈에게 사상가로서의 사망선고를 내렸습니다.

실존주의는 이렇게 한번 배제했던 '신의 관점'을 '역사'라는 이름으로 바꾸어 뒷문으로 끌어들인 꼴이 되고 말았습니다. 레비스트로스가 비난한 것이 바로 이 점입니다. 주체는 주어진 상황의 결단을 통해서 자기형성을 한다는 점에서 실존주의와 구조주의의 차이는 별로 없습니다. 그러나 상황 속에서 주체는 늘 '정치적으로 옳은' 선택을 해야 하고 그 '정치적 올바름'은 마르크스주의적인 역사 인식을 전제해야 한다는 단계에 이르러 구조주의는 실존주의와 결별하게 됩니다.

'분쇄' 된 사르트르

레비스트로스의 『야생의 사고』는 이른바 '미개인'이 세계를 어떻게 경험하고 어떻게 질서를 세우며 기술하는가에 대한 고찰입니다. 방대한 현지조사를 기초로 한 레비스트로스의 결론은 '미개인의 사고'와 '문명인의 사고'의 차이는 발전 단계의 차이가 아니라 애초부터 '다른 사고'이며 비교해서 우열을 가리는 것 자체가 무의미하다는 것이었습니다.

『야생의 사고』 첫머리에 어떤 인류학의 현지조사자가 잡초를 뽑아 "이 풀의 이름이 무엇입니까?"라고 현지인에게 물었다가 비웃음을 샀다는 일화가 소개되어 있습니다. 아무런 도움이 되지 않는 잡초에 이름이 있을 까닭이 없는데 그것을 묻는 학자의 어리석음을 비웃었던 것이지요.

소쉬르의 용어로 말하면 이 잡초는 이 부족 사이에서 '기호'로 인지되지 않았던 것입니다. 그것은 그들에게 식물학적인 지식이 없다는 것을 의미하는 것이 아닙니다. 각각의 사회집단은 각각 자기들의 실리적 관심을 기초로 해서 세계를 잘라냅니다. 어로를 주로 하는 부족은 수생식물에 대한 어휘가 풍부하고 수렵민족은 들짐승의 생태에 관한 어휘가 풍부합니다.

> 추상적인 언어의 사용은 그것이 지적 능력의 수준을 나타내는 것이라기보다는 그 민족사회 속의 특정집단이 지니고 있는 관심의 차이에서 온다. ─『야생의 사고』에서

어떤 영역에 대해 개념이나 어휘가 풍부하다는 것은 그 집단이 그 영역에 대해 깊고 강한 관심을 가지고 있다는 뜻입니다. '문명인'과 '미개인'은 그 관심을 갖는 방법이 다를 뿐, '문명인'처럼 세계를 보지 않는다는 것이 '미개인'은 지적으로 열등하다는 것을 의미하지는 않습니다. '어느 쪽이든 세계는 사고의 대상, 즉 최소한 다양한 욕구를 채우는 수단'에 불과하기 때문입니다.

레비스트로스는 이러한 전제에서 출발합니다. 그리고 '모든 문명은 각자가 지닌 사고의 객관적 측면을 과대평가하는 경향이 있다'고 준엄하게 충고합니다. 즉 우리는 모두 자기가 보고 있는 세계만이 '객관적으로 리얼한 세계'이며 다른 사람이 보고 있는 세계는 '주관적으로 왜곡된 세계'라고 생각하며 타인을 깔봅니다. 자기가 '문명인'이고 세계의 구성에 대해 '객관적'인 시각을 갖고 있

다고 생각하는 사람일수록 이런 잘못을 범하기 쉽습니다. 레비스트로스는 바로 이런 점에서 사르트르의 '역사' 개념에 이의를 제기했습니다.

레비스트로스는 '역사를 갖지 않은' 수많은 민족집단을 보았습니다. 신석기 시대와 거의 흡사한 생활을 하고 있는 부족이 아직 지구상에 많이 남아 있습니다. 그들의 사회에는 '역사적인 상황'이라고 부를 수 있는 것이 없으며 '참여'도 '결단'도 없습니다. 수천 년 전부터 되풀이해온 것을 앞으로도 영원히 반복할 뿐입니다. 그러나 그렇다고 해서 그들에게 인간으로서의 존엄이나 이성이 결여되어 있다고 말할 수 있을까요? 레비스트로스는 '문명인'의 그런 오만을 허용하지 않습니다. 그들도 자신의 삶에 '인간의 삶이 가질 수 있는 의미와 존엄의 전체'가 들어 있다고 확신하며 생활합니다.

그러한 사회나 우리의 사회나, 역사적·지리적인 다양한 존재양식 중 반드시 어느 하나에 인간이 은둔해 있다고 믿는다면 여간한 자기중심주의와 단순함이 아니다. 인간에 대한 진실은 이러한 여러 가지 존재양식 사이의 상이성과 공통성으로서 구성되는 체계 가운데 존재한다. ─『야생의 사고』에서

레비스트로스는 사르트르가 "'나는 생각한다'의 죄수"가 되었다고 빨간 줄을 그은 것입니다.

사르트르는 '역사'를 궁극적인 재판소라고 생각했습니다. 역사는 미개로부터 문명으로, 정체에서 혁명으로 진행되는 단선적인 과정 위에서 모든 인간적 삶의 영위의 '옳고 그름'을 판정합니다. 그러나 레비스트로스에 따르면 사르트르가 '역사'라는 잣대를 들이대고 '역사적으로 옳은 결단을 내리는 인간'과 '역사적으로 잘못을 저지르는 인간'을 구별하는 것은 '멜라네시아의 야만인'이 그들의 독자적인 잣대로 '자기들'과 '주변 사람들'을 구별하고 있는 것과 본질적으로는 동일한 행위입니다.

세계와 인간에 대한 사르트르의 개념은 전통적인 폐쇄사회의 특징인 왜소성을 드러낸다. 사르트르가 안이한 대비를 통해서 미개인과 문명인의 구별을 강조하는 것이 그가 자기와 타자 사이에 설정하는 기본적인 대립을 꽤 난해하지만 그대로 반영하고 있다. ─『야생의 사고』에서

그리고 레비스트로스는 다음처럼 이야기합니다.
"사르트르의 철학 가운데에는 야생의 사고의 이런 온갖 특징이 나타난다. 그 때문에 사르트르에게는 야생의 사고에 대해 조사할 자격이 없다고 나는 생각한다. 반대로 민족학자가 보기에 사르트르의 철학은 제1급 민족지적 자료이다. 우리의 시대가 지닌 신화가 어떤 것인지를 알고 싶다면 사르트르의 철학을 반드시 연구해

야 할 것이다."

 이 비판은 전후의 온갖 논쟁에서 승리를 쟁취했던 사르트르를 단칼에 날렸습니다. 상처 입은 사르트르는 구조주의가 '부르주아지가 마르크스에 대항해서 쌓아 올린 최후의 이데올로기적 장벽'이라는 전형적인 반론을 시도했습니다. 사르트르주의자들은 지도자의 반론에 뒤이어 구조주의는 부르주아 테크노크라트의 비의秘儀적인 학문적 지식이자 '부패한 서구사회'의 상징이며, 구조주의를 두들기는 '자유로운 정신'은 '베트남의 논, 남아프리카의 들판, 안데스의 고원'에서 '폭력의 혈로血路'를 개척하고 서구에 몰려들 것이라고 예언했습니다. 실존주의는 '역사의 이름으로 모든 것을 재단하는 권력적·자기중심적인 지'라고 비판받았는데, 그에 대해 사르트르는 '역사의 이름으로' 구조주의에 사형선고를 내린다고 대응했습니다. 이렇게 실존주의 시대는 너무나도 어처구니없게 끝나고 말았습니다.

음운론은 어떤 것인가?

꽤나 오랫동안 돌고 돌아서 실존주의와 구조주의의 '왕좌 교대식' 소식을 전했습니다. 여러분은 이제 레비스트로스 사고의 근간을 이루는 윤리적인 자세가 무엇인지 이해했을 것입니다(그것은 서구적 지성의 '우쭐거림'에 대한 엄격한 자제입니다).

이제 이를 바탕으로 레비스트로스의 학문적 방법을 구체적으로 검토해보겠습니다.

우리는 먼저 '음운론이란 어떤 학문적 지식인가?'라는 물음에서 시작해야 합니다. 이것을 알지 못하면 레비스트로스의 구조인류학의 경악할 만한 아이디어에 다가설 수 없습니다. 조금은 전문적인 내용이지만 잘 따라와주시기 바랍니다.

음운론phonology은 '음소론phonemics'이라고도 불립니다. 그것은 언어로서 내뱉어진 음성은 어떤 랑그 속에서 어떻게 다른 언어의 소리와 식별되는가, 그 언어 소리의 차별화가 지닌 메커니즘은 무엇인가를 연구하는 학문입니다.

예를 들면 일본어에서는 r과 l의 소리가 구별되지 않고 사용됩니다. 둘 가운데 어느 쪽의 자음을 사용해서 발음을 해도 '라면'을 시키면 동일한 것이 나옵니다. 그러나 영어에서는 둘은 차이가 나기 때문에 '라이스(rice)'를 주문했다가 '이(lice)'를 먹어야 하는 경우가 생길 수도 있습니다.

일본인의 경우도 r과 l이 물리적으로는 서로 다른 소리라는 것을 몇 번 들어보면 알 수 있습니다. 그러나 일본어에서는 이것을 '구별하지 않는다'는 '약속'이 있기 때문에, 일본어를 쓰는 사람들은 그 차이를 알아차리거나 기억하고 재생하는 일에 적지 않은 곤란을 느낍니다.

이처럼 언어의 소리가 지닌 물리학적·생리학적인 성질 가운데 어떤 특징이 의미가 있고 어떤 특징이 무시되는지는 각각의 언어집단 내에서 이루어진 '약속'을 바탕으로 합니다.

프랑스어에는 입에서 나오는 모음이 12개, 코에서 나오는 모음이 4개가 있습니다. 그런데 이 모음 가운데 몇 가지는 젊은 프랑스 사람들이 잘 구별하지 못해 점점 사용하지 않게 되었고 그것은 결국 '소멸'되고 말았습니다. 모음을 구별해서 듣는 것이 '귀찮다'고 말하는 사람들이 늘어나면 '약속'은 개정됩니다.

일본어의 '비탁음鼻濁音'도 그렇습니다. 가수는 멋지게 비탁음으로 '기'라는 발음을 하는데 가라오케에서 노래하는 젊은 사람들의 대부분은 이 발음을 내지 못합니다. 동일한 언어집단에서도 시대에 따라 듣고 발성할 수 있는 소리가 달라진다는 뜻입니다.

이처럼 소리의 연속체로부터 자의적으로 잘려 집합적인 동의가 전제된 '동일한 소리'로 간주되는 말소리의 단위를 '음소音素'라고 부릅니다. 말소리는 발성기관에 의해 발진하는 공기 진동이라는 '아날로그'적인 물질이기 때문에 이 덩어리에 '분절선'을 넣는 방법은 이론적으로 무한합니다. 사실 태어난 지 얼마 되지 않은 아이는 성인이 낼 수 없는 비분절적인 음성을 몇 가지 발성할 수 있습니다. 그러나 세계에 존재하는 언어의 비교나 아이의 언어습득 과정에 대한 연구를 통해 언어학자들은 의외의 사실을 알게 되었습니다. 그것은 인간이 말소리로 사용하고 있는 음소의 목록은 상상하고 있는 것보다 훨씬 적다는 사실입니다. 어떤 말소리에 대해 그것이 '모음인지 자음인지', '비음인지 비음이 아닌지', '집약적인지 확산적인지', '끊기는지 연속성이 있는지' 등 열두 종류의 음향적·발성적인 물음을 제기하면 세계의 모든 언어에 포함된 음소를 목록화할 수 있습니다.

'이항대립'의 조합을 몇 차례 되풀이하면 엄청난 양의 정보를 표현할 수 있다는 것은 (컴퓨터 세대에게 매우 친숙한) 이진법의 사고입니다. 정보량의 최소 단위인 1비트는 0/1이라는 한 쌍의 이항대립을 이용해 그 상태를 표시할 수 있습니다. '비트'라는 개념을 이해하기 위해서는 온/오프 스위치가 달려 있는 전구를 생각하면 간단합니다. 전구가 하나 있으면 '점등/소등'이라는 서로 다른 두 상태, 즉 1비트의 정보, '0/1'을 표시할 수 있습니다.

전구가 A, B 둘 있다면 'A, B 모두 점등/A만 점등/B만 점등/A, B 모두 소등'이라는 4가지 상태를 표시할 수 있습니다. 두 조합의 이항대립에 의해 '00/01/10/11'이라는 네 상태를 표시할 수 있는 것이지요. 그것이 2비트의 정보입니다. 마찬가지로 3비트는 8가지 상태, 4비트는 16가지 상태, 그리고 컴퓨터 용량의 최소 단위인 1바이트는 8비트로서, 즉 256가지 상태를 표시할 수 있습니다.

세계의 어떤 음소 체계라도 12개의 이항대립으로 표현할 수 있다는 말은 다른 말로 하면 12비트, 즉 12번의 0/1의 선택으로 이 세상에 존재하는 모든 음소를 특정할 수 있음을 의미합니다.

레비스트로스가 대담한 점은 이항대립의 조합을 되풀이해서 무수히 '다른 상태'를 표현할 수 있다는 이 음운론(과 컴퓨터의 양쪽에 통하는) 발상법을 인류사회의 모든 제도에 적용시킬 수 있지 않을까 생각했다는 점입니다. 레비스트로스가 집약적인 검토를 더해 멋지게 성공을 거둔 것은 친족제도의 분석입니다. 한번 살펴볼까요?

모든 친족관계는 2비트로 표시된다

레비스트로스는 다양한 사회집단에 존재하는 가족 사이의 '친밀함/소원함'의 관계를 조사한 결과 불가사의한 법칙을 발견했습니다. 그것은 모든 가족집단은 다음의 두 관계에서 반드시 선택지를 고른다는 사실이었습니다.

아버지-아들/백숙부-조카의 경우

(0) 아버지와 아들은 친밀하지만 조카와 외삼촌은 소원하다.

(1) 조카와 외삼촌은 친밀하지만 아버지와 아들은 소원하다.

남편-아내/형제-자매의 경우

(0) 남편과 아내는 친밀하지만 아내와 그 형제는 소원하다.

(1) 아내는 그 형제와 친밀하지만 부부는 소원하다.

예를 들면 멜라네시아에서 아들과 아버지 사이는 친밀하지만 조카와 외삼촌은 심하게 대립하고 있습니다. 코카서스의 체르케스족은 아버지와 아들 사이에 대립이 있고 외삼촌은 조카의 결혼에 말을 주는 습관이 있습니다. 뉴기니의 트로브리안드 섬에서는 부부는 친밀하고 개방적이지만 형제자매의 관계는 매우 엄격한 터부가 존재합니다. 체르케스족은 형제자매는 함께 잘 정도로 친밀하지만 부부가 함께 사람들 앞에 나서는 일은 없습니다.

두 관계에 대해 각각 두 가지 선택이 있기 때문에 이것은 앞에서 말한 식으로 하면 '2비트', 즉 4가지 상태를 나타냅니다 (00/01/10/11).

이 구조는 4개의 항(형제, 자매, 아버지, 아들)으로 이루어져 있습니다. 레비스트로스는 이것을 '친족의 기본구조'라고 이름 붙였습니다. 친족의 기본구조는 두 개의 이항대립으로 이루어집니다. 즉 어느 세대를 선택해도 거기에는 플러스관계와 마이너스관계가 짝을 이루어 존재한다는 뜻입니다.

도대체 왜 세계의 모든 사회집단에 이 구조가 있는 것일까요? 레비스트로스는 이렇게 답합니다.

친족구조라는 것이 존재하기 위해서는 인간사회에 있어서 언제나 존재하는 세 종류의 가족관계, 즉 공통의 아버지를 갖는다는 관계, 결혼에 따른 관계, 낳은 자와 태어난 자와의 관계—바꿔 말하자면 형제자

매, 남편과 아내, 어버이와 아들의 관계—가 거기에 포함되어 있지 않으면 안 된다. —『구조인류학』에서

세계의 모든 언어 소리를 12비트로 표현할 수 있는 것처럼 세계 어디서나 친족의 기본구조는 2비트로 표현할 수 있다는 것이 레비스트로스의 가설입니다.

이 대담한 가설에 의해 레비스트로스가 우리에게 알려준 것은 두 가지입니다. 하나는 인간은 이항대립의 조합만으로 복잡한 정보를 표현한다는 점입니다. 다른 하나는 우리가 자연에서 내발적(內發的)이라고 믿고 있는 감정(부모-자식, 부부, 형제자매 사이의 친밀한 감정)이 사실은 사회구조 속에서 '역할 연기'에 불과하고, 사회구조가 다른 곳에서는 친족 사이에 키워야 할 표준적인 감정이 다르다는 점입니다. 부부는 결코 사람들 앞에서 친밀함을 드러내지 말아야 하고, 부자는 말을 하지 않는 것이 '올바른' 친족관계의 표현이라고 여기는 사회집단이 실제로 존재합니다(〈남자는 괴로워〉라는 일본 영화에서 주인공인 도라에게는 미치오라는 조카가 있는데 이 조카는 아버지인 히로시와 대립이 깊어질수록 어머니 쪽의 삼촌인 도라와 친한 관계가 됩니다).

우리는 상식적으로 인간이 사회구조를 만들어왔다고 생각합니다. 부모-자식, 부부, 형제자매 사이에는 '자연스러운 감정'이 있고 그것을 바탕으로 우리가 친족제도를 만들어왔다고 말이지요.

하지만 레비스트로스는 그러한 인간중심적인 발상을 단호하게 물리칩니다.

인간이 사회구조를 만든 것이 아니라 사회구조가 인간을 만드는 것입니다(미치오의 도라에 대한 감정은 그들의 심정이 아니라 친족구조의 '효과'에 불과합니다. 도라가 선뜻 결혼을 하지 않는 것도 남매관계가 지나치게 친밀하기 때문에 부부관계가 그만큼 소원해진 탓이지 도라에게 성적 매력이 없기 때문이 아닙니다).

이처럼 우리는 어떤 인간적 감정이나 합리적 판단을 바탕으로 사회구조를 만들어내는 것이 아닙니다. 사회구조는 우리의 인간적 감정이나 인간적 이론에 앞서서 이미 그곳에 있고, 오히려 그것이 우리가 지닌 감정의 형태나 논리의 문법을 차후에 구성하는 것입니다. 따라서 우리는 생득적인 '자연스러움'이나 '합리성'에 기초해서 사회구조의 기원이나 의미를 찾으려고 해도 결코 원하는 것을 얻을 수 없습니다.

다양한 신뢰나 습관의 기원에 대해 우리는 아무 것도 모르고 있고 앞으로의 일도 알 수 없을 것이다. 왜냐하면 그 뿌리는 먼 과거 속으로 사라지고 있기 때문이다. (중략) 습관은 내발적인 감정이 생기기 전에 외재적 규범으로 부여된 것이다. 그리고 이 불가지의 규범이 개인의 감정과 그 감정이 어떤 국면에서 표출될 수 있는지 또는 표출되어야 하는지를 결정하는 것이다. ―『오늘날의 토테미즘』에서 그러나 사회제도의 기원이 전부 암흑 속으로 사라진 것은 아닙니다. 어떤 사회집단이 지금 어떤 친족구조를 '왜' 선택했는지 그 개별적인 이유는 모르지만 친족구조라는 것이 존재하는 이유는 알 수 있습니다.

우리가 정의한 바와 같은 친족의 기본 단위의 본원적이고 환원 불가능한 성격은 실은 세계의 어느 곳에서든 예외 없이 지켜지고 있는 근친상간 금지의 직접적 결과이다. ―『구조인류학』에서

친족구조는 단적으로 '근친상간을 금지하기 위해' 존재하는 것입니다.

인간의 본성은 '증여'에 있다

그렇다면 왜 인간은 근친상간을 금지한 것일까요? 자기가 제시한 이 물음에 레비스트로스는 놀라울 만한 해답을 내놓습니다.

근친상간이 금지된 것은 '여자의 커뮤니케이션'을 추진하기 위함이다, 이것이 레비스트로스가 제시한 답입니다.

근친상간의 금지란 인간사회에 있어 사내가 계집을 획득하려면 이를 다른 사내로부터 얻을 수밖에 없고 후자는 계집을 딸이건 자매건 전자에게 양도한다고 하는 것이다. ―『구조인류학』에서

'남자는 다른 남자로부터 그 딸 또는 자매를 양도받는 형식 외에 여자를 손에 넣을 수 있는 방법이 없다.' 이것이 레비스트로스의 대발견입니다. 당연하다고 생각하는 사람도 있겠지만 사실 이

것은 상당히 깊이 파고들어간 장치입니다.

앞에서 본 것처럼 친족관계는 친족의 친밀한 감정을 토대로 자연발생적으로 만들어진 것이 아닙니다. 친족관계에는 오직 한 가지의 존재 이유가 있을 뿐입니다. 그것은 '계속 존재한다'는 것입니다. 친족이 존재하는 것은 '친족이 계속 존재하기' 때문입니다.

> 여기서 생각하고 있는 것은 가계를 존속시키고자 하는 욕망을 이르는 것이 아니라 대부분의 친족 체계에 있어서 어떤 일정 세대에 여성을 주는 자와 받는 자 사이에 생긴 최초의 불균형은 후대에 있어서의 반대급부에 의하지 아니하고는 안정된 상태로 되돌릴 수 없다는 사실이다. 가장 기본적인 친족구조조차 공시적 차원과 통시적 차원에 걸쳐 있는 것이다. ─『구조인류학』에서

이 인용문에서 키워드는 '반대급부'입니다. 이것은 요컨대 어떤 '증여물'을 받은 사람은 심리적인 부채감을 갖게 되고 '답례'를 하지 않으면 마음이 편하지 않다는 인간이 지닌 고유한 '기분'에 의해 동기화된 행위를 가리킵니다. 이 '반대급부'의 제도는 (부부애나 부성애를 모르는 집단이 있다고 하지만) 지금까지 알려진 바로는 모든 인간집단에서 관찰됩니다.

'증여'는 인류학의 중요한 주제 가운데 하나입니다. 잘 알려진 사례로 북아메리카 대륙의 원주민들이 행했던 '포틀래치'가 있습

니다. 이 증여 의식에서 주인은 초대한 손님을 심리적으로 압도하기 위해 자기의 재산을 파괴적으로 탕진합니다. 이에 대해 초대를 받은 손님 또한 그에 못지않게 탕진을 해서 보답을 합니다. 이 증여의 응수는 음식물이나 증여물을 충분히 준다는 정도를 초월해서 생활필수품인 보트를 파괴하거나 집에 불을 지르고 심지어는 노예를 살해하는 데까지 이릅니다. 무익한 탕진을 지나서 증여하는 사람에게 유해하게 느껴지는 행위가 '증여'라는 이름으로 행해집니다. 보다시피 포틀래치의 사례는 '증여된' 것에 의해 우리 안에 생기는 '반대급부'의 의무감이 얼마나 저항하기 힘든 것인가를 가르쳐줍니다.

증여받은 자는 답례를 통해서 일단 불균형을 해소하지만 답례를 받은 사람은 다시 거기서 부담을 느끼게 되고 그 부담감은 답례에 대한 답례를 하기 전까지 사라지지 않습니다. 따라서 최초의 증여가 행해진 다음은 논리적으로 증여와 답례의 반복이 무한히 계속됩니다.

왜 이런 증여 시스템이 있는 것일까요? 그 기원을 아는 것은 불가능하지만 그것이 어떤 사회적 '효과'를 갖고 있는지는 곧바로 알 수 있습니다.

첫 번째 효과는 증여와 답례의 반복 덕분에 사회는 동일한 상태에 머무를 수가 없다는 점입니다.

"교만한 것은 오래가지 않는다"라는 『헤이케모노가타리(平家物

語)』의 말이나 "인류의 역사는 계급투쟁의 역사이다"라는 마르크스의 말이나 하고자 하는 얘기는 같습니다. 그것은 사회관계(지배자와 피지배자의 관계, 주는 자와 받는 자의 관계, 위압하는 사람과 부담을 느끼는 사람의 관계)는 시계의 추가 흔들리는 것처럼 끊임없이 반복되고 인간이 만든 모든 사회 시스템은 그것이 '동일한 상태에 머물러 있을 수 없도록 구조화되어 있다'는 말입니다. 어째서 그런지 이유는 알 수 없습니다.

그러나 만약 인간사회가 동일한 상태에 머물러 있게 된다면 언젠가 멸망하고 말 것입니다. 계속 존재하기 위해서는 끊임없이 '변화'할 필요가 있습니다. 앞에서 친족의 존재 이유는 '계속 존재하는' 것이라고 썼습니다. 그렇다면 그것은 동시에 '계속 변화하는 것'이기도 합니다. 그러나 이때의 '변화'라는 것은 반드시 '진보'나 '쇄신'을 의미하는 것은 아닙니다. 만약 살아남기 위해 끊임없이 '진화'해야만 한다면 그 초조함과 스트레스 때문에 인류는 지쳐서 초주검이 될 것입니다(현대인은 그 때문에 '지쳐' 있습니다만).

레비스트로스는 사회 시스템이 '변화'를 필수로 요하지만 그것이 '끊임없이 새로운 상태를 만들어내는' 것만을 의미하는 것은 아니라고 했습니다. 단지 몇 가지 상태가 '빙글빙글 순환하는' 것만으로도 충분히 '변화'라고 할 수 있다는 것이죠.

그리고 레비스트로스는 사회 시스템의 변화를 '끊임없이 새로운 상태가 되는' 역사적인 모습을 바탕으로 구상하는 사회(우리의 사회가 그렇습니다)를 '뜨거운 사회'로, 역사적인 변화를 배제하고 신석기 시대와 다르지 않은 무시간적 구조를 유지하고 있는 사회, 즉 '야생의 사고'가 지배하는 사회를 '차가운 사회'라는 이름으로 불렀습니다. 그리고 두 사회 모두 늘 '변화'를 확보하기 위한 사회구조를 갖고 있습니다.

우리는 증여와 답례가 사회에 어떤 효과를 초래할 것인지에 대해 알아보는 중이었습니다. 효과의 하나는 지금 살펴본 것처럼 사회를 동일한 상태로 유지하지 않는 것입니다. 그러나 또 하나의 내면적인 효과가 있습니다. 어쩌면 보다 본질적인 것일지도 모르겠습니다.

그것은 인간에게 '인간은 자기가 원하는 것을 타인으로부터 받는 방식으로만 손에 넣을 수 있다'라는 진리를 되풀이해서 새겨 넣는 것입니다.

무엇인가를 손에 넣고 싶다면 타인으로부터 증여를 받는 수밖에 없다, 그리고 그 증여와 답례의 운동을 일으키려면 먼저 자기가 그와 동일한 것을 타인에게 주는 데에서 시작해야 한다, 그것이 증여의 기본 규칙입니다.

레비스트로스에 따르면 인간은 세 가지 수준에서 커뮤니케이션을 전개합니다. 재화·서비스의 교환(경제활동), 메시지의 교환(언어활동), 그리고 여자의 교환(친족제도)이 그것입니다. 이들 커뮤니케이션은 최초에 누군가가 증여를 하고 그에 따라 '준 사람'이 무엇인가를 잃고 '받은 사람'이 그에 대해 반대급부의 책무를 진다는 방식으로 구조화되어 있습니다. 그것은 끊임없이 불균형을 재생산하는 시스템, 가치가 있다고 여겨지는 것이 결코 한 곳에 머무르지 않고 끊임없이 반복되며 유통되는 시스템입니다.

그러나 이 설명만으로는 인간적인 커뮤니케이션의 정의로는 부족한 느낌이 듭니다. 왜냐하면 혼인 규칙에 전형적으로 나타나는 것처럼 반대급부는 양자 사이에서 탁구처럼 행해지는 것이 아니라 끊임없이 '어긋나기' 때문입니다. 어떤 남자 A가 다른 남자 B로부터 '그의 딸'을 아내로 증여받는다고 해도 그 남자 A는 답례로 '자기의 딸'을 남자 B에게 줄 수가 없습니다. 다른 남자 C에게 주게 되지요.

> 이 일반적인 호혜 형식이 밝혀지지 않고 있었던 것은 각각의 그룹이 직접적으로 상대편과 주고받고 있는 것이 아니기 때문이다. 줄 상대로부터 받는 것이 아니며 얻은 자에게 돌려주는 것도 아니다. A는 B에게 주고 다른 C로부터 받는다는 식으로 전체는 하나의 방향으로만 기능하는 호혜의 순환을 이루는 것이다. —『구조인류학』에서

레비스트로스의 구조인류학적 견해는 우리를 '인간이란 무엇인가?'라는 근본적인 물음으로 이끕니다. 레비스트로스가 우리에게 보여준 것은 인간의 마음속에 있는 '자연스러운 감정'이나 '보

편적인 가치관'이 아닙니다. 사회집단마다 '감정'이나 '가치관'은 놀라울 정도로 다양하지만 그것들이 사회 속에서 기능하고 있는 방식은 단 한 가지일 뿐이라는 사실을 알려주었지요. 인간이 타자와 공생하기 위해서는 시대와 장소를 불문하고 모든 집단에 적용되는 규칙이 있습니다. 그것은 '인간사회는 동일한 상태로 계속 있을 수가 없다'와 '우리가 원하는 것이 있다면 먼저 타자에게 주어야 한다'는 두 가지 규칙입니다.

이것은 가만히 생각해보면 참으로 불가사의한 규칙입니다. 우리는 인간의 본성이 동일한 상태에 머물러 있다고 생각하며 무엇인가를 손에 넣는 가장 합리적인 방법은 자기가 독점하고 누구에게도 주지 않는 것이라고 생각합니다. 그러나 인간사회는 그런 정지적靜止的이고 이기적인 생활 방식을 허용하지 않습니다. 동료들과 공생하기를 희망한다면 이 규칙을 지켜야만 합니다. 그것이 지금까지 존재해온 모든 사회집단에 공통적으로 나타나는 암묵적인 규칙입니다. 이 규칙을 지키지 않은 집단은 아마 '역사'가 기록되기 이전에 멸망했을 것입니다.

그런데 아마도 무의식적으로 그랬겠지만 도대체 어떻게 해서 우리의 조상은 이런 암묵적인 규칙을 정해서 친족제도나 언어, 신화를 구축해올 수 있었던 것일까요? 나는 상상이 잘 안 됩니다. 그러나 그것은 사실입니다. 따라서 만약 '인간'의 정의定義가 있다면 그것은 이러한 규칙을 수용한 존재라고 말할 수밖에 없습니다.

인간은 태어날 때부터 '인간인' 것이 아니라 어떤 사회적 규범을 수용하면서 '인간이 된다는' 레비스트로스의 생각은 분명 푸코와 통하는 '탈脫인간주의'의 징후를 보여줍니다. 그러나 나는 레비스트로스의 탈인간주의가 구조주의에 대한 통속적인 비판자들이 말하는 것처럼 인간의 존엄이나 인간성의 아름다움을 부정한 사상이 아니라고 생각합니다. '이웃 사람에 대한 사랑'이나 '자기희생'과 같은 행동이 인간성의 '잉여'가 아니라 인간성의 '기원'임을 간파한 레비스트로스의 통찰을 어떻게 반反인간주의라고 할 수 있을까요?

제6장
라캉과 분석적 대화

유아는 거울을 통해 '나'를 손에 넣는다

이제 미셸 푸코, 롤랑 바르트, 클로드 레비스트로스 다음으로 '구조주의의 4총사' 가운데 마지막이며 최대의 관문인 자크 라캉(1901~1981)에 대해 말할 차례입니다. 구조주의 자체는 지금까지 소개한 것처럼 결코 난해한 사상이 아니지만, (그대로 프랑스어 교과서에 사용하고 싶은 명석하고 단정한 레비스트로스의 문장을 예외로 한다면) 구조주의자들이 쓰는 문장은 읽기 쉽다고 말하기는 어렵습니다. 솔직하게 말하면 특히 라캉이 무엇을 말하고 있는지 알 수 없는 부분이 많습니다.

그러나 그 난해함 때문이겠지만 라캉에 대해 쓴 해설서나 연구서의 대부분은 그를 다른 구조주의자들과 비교하지 않습니다. 바르트나 레비스트로스에 대해 새로운 해석이 나오는 일은 거의 없지만 라캉에 대해서는 아직도 많은 연구가 나오고 있습니다. 그만큼 '수수께끼'가 많다는 뜻이고 그만큼 자극적인 아이디어가 많다는 뜻입니다.

이처럼 사상가의 작업을 간결하게 정리하는 것은 매우 어려운 일입니다. 따라서 이제부터 함께할 해설이 라캉으로 들어가기 위한 입구만을 다룰 수밖에 없음을 미리 양해 부탁합니다.

라캉의 전문 분야는 정신분석입니다. 라캉은 '프로이트로 돌아가라'라는 유명한 말을 남겼습니다. 말 그대로 프로이트가 개척한 길을 곧장 깊이 파고들어간 것이 라캉의 작업이라고 말해도 좋습니다. 그 작업 가운데 '거울 단계' 이론과 '아버지의 이름' 이론을 소개하려고 합니다.

거울 단계 이론이란 라캉이 1936년에 발표한 것으로 주체의 형성에서 거울에 비친 영상이 지닌 결정적인 중요성을 해명한 것입니다.

거울 단계란 유아가 생후 6개월이 되면 거울에 비친 자기의 모습에 흥미를 가지게 되고 마침내 강렬한 희열을 경험하게 되는 현상을 가리킵니다. 인간 이외의 동물은 처음 거울을 주면 그것을 불가사의하게 느끼며 빤히 들여다보거나 그 주위를 빙글빙글 돌아다니는데, 거울에 실체가 없다는 것을 알게 되면 곧 관심을 거둡니다. 그런데 인간의 경우는 다릅니다. 아이들은 거울 속에서 자기와 거울에 비친 자기 주위의 사물과의 관계를 질리지 않고 '놀이'로 체험합니다. 이 강렬한 희열의 감정은 유아가 이때 무엇을 발견했는지 알려줍니다. 과연 무엇을 발견한 것일까요?

아이는 '나'를 손에 넣은 것입니다.

거울 단계는 '일종의 자기동일화로서, 즉 주체가 어떤 상을 받아들일 때 주체의 내부에 일어나는 변용으로 이해' 됩니다.

> 아직 돌아다니지 못하고 영양 섭취도 다른 사람에게 의존하고 있는 유아―말을 하지 못하는 단계에 있는 아이―는 자신의 모습이 비친 거울의 영상을 희열과 함께 받아들인다. 그 때문에 이 현상은 우리의 눈에는 범례적인 방법으로 상징 작용의 원형을 보여주는 것처럼 보인다. 왜냐하면 '나'는 이때 그 시원적인 형태 속으로 몸을 던지게 되는데 이는 타자와의 동일화라는 변증법을 통해서 '내'가 자기를 대상화하는 것에, 또 언어의 습득을 통해 '내'가 보편적인 것을 매개로 주체로서의 '나'의 기능을 회복하는 것에 선행하는 일이기 때문이다.
> ―「나의 기능을 형성하는 것으로서의 거울 단계」에서

이 어려운 문장을 쉬운 말로 바꾸어보겠습니다.

인간은 다른 동물과 비교할 때 상당히 미성숙한 상태로 태어납니다. 생후 6개월이면 아직 자기의 힘으로 돌아다닐 수도 없고 영양 섭취 또한 타자에 의존할 수밖에 없는 무능력한 상태입니다. 유아는 자기의 몸속에 다양한 '운동의 웅성거림'을 감지하고는 있지만 그것들은 아직 통일에 이르지 못하고 원시적인 혼돈 상태에 놓

여 있습니다. 이 통일성이 결여된 신체 감각은 유아에게 자기의 근원적인 무능함에 대한 느낌, 자기를 둘러싼 세계와의 '원초적 부조화'의 불쾌감을 각인시킵니다. 그리고 이 무능함에 대한 느낌과 불쾌감은 유아의 마음 깊은 곳에 '토막이 난 신체'라는 태고의 심상을 남깁니다. 그 심상은 성숙을 이룬 다음에도 망상이나 환각, 악몽을 통해서 되풀이해 돌아옵니다.

한편 이 '원초적 부조화'로 고통받는 유아가 어느 날 거울을 보고 있는 사이에 거기에 비친 상이 '나'라는 것을 직관하게 되는 시기가 찾아옵니다. 그 순간, 그때까지 통일을 이루지 못하고 뿔뿔이 흩어진 단순한 감각의 웅성거림밖에는 가지고 있지 않았던 아이가 통일된 시각적 상像을 통해 단번에 '나'를 파악하게 됩니다.

"아, 이것이 '나'인가"라며 아이는 깊은 안도와 함께 희열의 감정을 경험합니다. 아이가 시각적인 이미지로서의 '나'를 처음 조우한 경험. 그것이 거울 단계입니다(그런데 만약 거울을 갖지 못한 사회집단이 있다면 거기서의 거울 단계는 어떻게 될까요? 아는 분이 있으면 알려주십시오).

물론 인간이 성숙하기 위해서는 이 단계를 통과하는 것이 반드시 필요하지만 거기에는 늘 좋은 일만 있는 것이 아닙니다. "'나'를 단번에 시각적으로 파악했다"는 성마른 통일된 상의 획득은 동시에 되돌릴 수 없는 균열을 '나'의 내부에 불러오기 때문입니다.

유아는 거울에 비친 모습이라는 자기 외부에 있는 시각적인 상에 자기 몸을 '던지는' 방법으로 '나'의 통일된 모습을 손에 넣었지만 거울에 비친 이미지는 어쨌든 '본래의 나'는 아닙니다. 1미터 앞의 거울 속에서 나를 바라보고 있는 '거울 속의 나'는 1미터 앞의 바닥 위에서 이쪽을 향하고 있는 봉제인형처럼 '본래의 내'가 아니라는 점에서는 다를 것이 없습니다.

중요한 것은 이 형태가 '자아'가 사회적으로 어떤 존재인지를 결정하기에 앞서서 사전에 허구의 계열 속에 '자아'의 심급審級을 정한다는 것이다. 이 '자아'는 결코 개인에 의해서는 받아들일 수 없는 것이며, 이런 말을 해도 좋다면 주체의 미래와 오직 점근선적漸近線的으로만 합류할 수 있다. 변증법적인 종합에 의해 주체가 언젠가 '나'로서 자기 고유의 실체와의 불일치를 훌륭하게 해소한다고 해도. (중략) '나'와 그 상 사이에는 몇 가지 조응照應관계가 있는 까닭에 '나'는 심적 항상성을 유지하고 있는데 그것은 인간이 자기를 깔보는 유령이나 '꼭두각시'에 자기투영을 하고 있기 때문이다. ―「나의 기능을 형성하는 것으로서의 거울 단계」에서

인간은 '내가 아닌 것'을 '나'라고 '가정하는' 것에 의해 '나'를 형성한다는 '외상'을 깔고 인생을 시작한다는 말입니다. '나'의 기원은 '내가 될 수 없는 것'에 의해 담보되어 있고 '나'의 원점은 '나의 내부'에 없습니다. 이것은 가만히 생각해보면 매우 위험합

니다. 왜냐하면 자기의 외부에 있는 것을 '자기'라고 생각하고 거기에 매달려야만 간신히 자기동일성을 이룰 수 있기 때문입니다. 즉 '거울 단계를 통과하는' 방법에 의해 인간은 '나'의 탄생과 동시에 일종의 광기에 시달리게 됩니다.

기억은 '과거의 진실'이 아니다

정신분석의 관점에서 볼 때, '나'라는 ('주체'의 외부에 있는) 것을 구조적으로 본래의 주체로 착각하고 인정하며 살고 있다면, 정도의 차이는 있더라도 그것은 어느 정도 '미쳐 있는 것'이나 다름없습니다.

이를 인정한다면 지각-의식 시스템이 중심에 자리하고 있는 것이 바로 자아라고 생각하는 모든 철학, 즉 '내가 제정신이라는 것을 자명한 전제로 하는' 모든 지知(레비스트로스에 의해 밀려나기는 했지만 사르트르의 실존주의가 바로 그렇습니다)에 의문부호를 찍을 수밖에 없습니다. 자기 스스로를 투명하고 안정적인 지로 상정한 것은 그처럼 자기조정自己措定(자기 자신을 대상對象으로 또는 존재하는 것으로 규정함—옮긴이)을 하고 있는 '본래의 지'가 사실은 신경증적인 병에서 탄생한 '증후 형성'일수도 있다는 '자신의 전사前史'에 대한 반성적 시선이 결여됐기 때문입니다.

따라서 정신분석에서 '자아'는 치료의 거점이 될 수 없습니다(그것은 피분석자나 분석가 모두에게 동일하게 적용됩니다). 정신분석이 치료의 발판으로 선택한 것은 '언어'의 수준입니다. '대화'의 수준 또는 '이야기'의 수준이라고 말해도 좋을 겁니다.

정신분석의 치료는 피분석자가 분석가에 대해 자기 마음을 말하는 형태로 진행됩니다.

정신분석에는 단 하나의 매개밖에 존재하지 않는다. 그것은 피분석자가 말하는 언어이다. 이를 증명하는 사실들이 있다. 그런데 말해지는 언어는 반드시 응답을 요구한다. 우리가 이제부터 보려고 하는 것은 응답이 없는 말 걸기는 존재하지 않는다는 사실이다. 비록 그 말 걸기에 침묵으로 응한다고 해도 듣는 사람이 있는 한 이 주고받기 속에 정신분석의 핵심이 존재한다. ―「정신분석에서 말하기와 언어의 기능과 영역」에서

모든 '자기에 대한 이야기'가 그렇듯이 피분석자의 이야기는 단편적인 진실을 포함하고 있지만 본질적으로는 '만들어진 이야기'에 불과합니다.

프로이트에 따르면 정신분석 치료는 무의식적으로 억압되어 있는 환자의 심적 과정을 의식화시킴으로써 병의 징후를 소멸시키는 것을 목적으로 합니다('파수꾼'이 쫓아낸 '억압된 심적 과정'을 '의

식의 방'으로 데리고 오면 병의 징후는 사라진다는 것이 프로이트의 치료관입니다). '의식화'라는 것은 요컨대 '언어화'이기 때문에 분석 치료는 '그때까지 아무에게도 하지 않았던 진정한 자신에 대해 이야기하는' 것이라고 할 수 있습니다.

피분석자가 말하는 언어에는 '핵'이 있습니다. 다만 이야기의 '핵'이 반드시 '진실'이라고 할 수는 없습니다. 자신의 과거 기억에 대해 생각해보면 알겠지만 아무리 기억에 대한 실마리가 많이 주어지고 스스로 냉정히 자기분석의 칼날을 들이댄다고 해도 엄밀한 의미에서 우리는 '과거의 진실'에 결코 도달할 수가 없습니다.

우리가 자기 과거의 기억(그것도 '완전히 잊고 있던 어린 시절의 일')을 생생하게 기억하기 위해서는 그것을 진지하고 주의 깊게 들어주는 '듣는 사람'이 있어야만 합니다. '과거를 생각해내는 것'은 (역설적이지만) 나와 '듣는 사람' 사이에 과거의 회상을 통해서 친밀한 커뮤니케이션을 나눌 수 있다는 기대가 형성된 경우라야만 합니다.

그렇다면 그럴 때 내가 생각해낸 과거라는 것은 '정말로 있었던 일'인지 아닌지 좀 불안합니다. 우리가 잊고 있던 과거를 생각해내는 것은 '듣는 사람'이 우리가 누구인지를 알게 되고 이해하게 되고 우리의 존재를 승인하리라는 희망이 점화되었기 때문입니다. 그렇다면 그러한 문맥에서 말해진 '자신이 누구인가?'라는 고백에는 '자신이 이런 사람이라고 생각되길 바라는' 편견이 강하게 작용하고 있습니다. 그것이 진실인지 혹은 욕망이 만들어낸 이야기인지는 듣는 사람은 물론이고 생각하고 있는 자신을 포함해 아무도 확인할 수가 없습니다.

프로이트는 히스테리 증상 18가지의 사례 해석을 통해 히스테리의 원인이 억압된 유아기의 성적 경험에 있다는 것을 제시했습니다. 그리고 「히스테리의 원인에 대해」(1896)에서 그것을 공식화했습니다. 그러나 프로이트는 '기억'이 어쩌면 의사가 환자에게 강요한 기억일 수도 있다는 점, 또는 의사가 '환자가 고의로 만들어내거나 멋대로 공상한 것을 진실이라고 믿게 되는 일 등이 충분히 가능하다는 점'에 대해 의심의 눈초리를 거두지 않았습니다.

훗날 프로이트는 환자에 의해 '기억된 것'이 환자가 '찾아다니는' 것과 반드시 동일한 것이 아님을 알아차립니다. 그것은 '증상의 원인'이 아니라 '새로운 증상'이었습니다.

환자가 찾아다니는 것 대신에 생각해낸 것 자체는 증상과 동일하게 태어난 것입니다. 즉 문득 떠오른 착상은 억압된 것이고 인공적인 것으로 일시적인 새로운 대리 형성물이며, 저항의 영향으로 왜곡이 심하면 심할수록 억압받는 것과 달라집니다. ―『정신분석에 대해』에서

환자가 마음의 빗장을 열고 생각해낸 기억이 '순수한 진실'인지 아닌지는 아무도 증명할 수 없습니다. 그리고 기억이 얼마나 신

뢰하기 어려운 것인지 우리는 이미 잘 알고 있습니다.

미국에서는 상담을 통해서 억압되어 있던 유아기의 성적 학대의 기억이 되살아난 성인들이 그들의 아버지를 고소하는 사례가 잇따르고 있습니다. 아버지가 자신의 친구를 겁탈하고 때려죽이는 현장에 있었던 한 여성이 그 충격으로 인해 사건을 둘러싼 모든 기억을 잃었다가 20년 후에 갑자기 그때 일을 기억해낸 사건이 캘리포니아에서 있었습니다. 그녀의 아버지는 그녀의 증언을 토대로 체포되었습니다.

이 심리에 감정인으로 소환된 '위조 기억' 전문가는 이 여성이 '생각해낸' 내용이 미디어에서 이미 보도된 정보에 한정되어 있다는 점, 그뿐 아니라 이 여성이 미디어가 사실과 다르게 보도한 (현실에는 없었던 일) 부분까지 '생각해냈'다는 것을 논거로 삼아 '기억을 신문이나 텔레비전에서 얻은 사실과 통합하고 일상적인 대화에서 얻은 세부적인 내용을 더해 줄거리가 있는 이야기로 만들어내는 것은 가능한 일이다'라고 지적했습니다(E. F. 로프터스 외『억압된 기억의 신화』).

'무의식의 방'에 갇혀서 '냉동보존'된 기억을 '해동'하면 '과거 그대로'의 기억이 살아난다고 생각하는 것은 매우 위험한 발상입니다. 기억은 그처럼 확실한 '실체'가 아닙니다. 그것은 늘 '생각해내면서 형성되는 과거'입니다.

따라서 정신분석의 현장에서 피분석자는 '억압의 기원'을 목표로 말을 하지만 분석가는 말 그대로 '기원'에 도달할 수 있다고 기대하지 않습니다. 그러나 '찾고 있는 것'과 '생각해낸 것'이 그때마다 다르다고 해서 곤란할 일은 없습니다. "말로 할 수 없는 '어떤 것'이 거기에 있다"는 사실을 확신하는 것은 피분석자를 침묵과 커뮤니케이션의 단념이 아니라 오히려 '듣는 사람'을 향한 발어發語와 대화로 달려가게 만들기 때문입니다. 피분석자가 말하는 이야기의 밑바닥 깊은 곳에 있는 '근원적인 소외'는 치료를 방해하는 것이 아니라 오히려 그것을 진행시킬 수 있는 힘입니다. 정신분석의 대화는 이 피분석자의 '채워지지 않음'을 생성적인 핵으로 삼아 전개됩니다.

이 채워지지 않는 기분은 어디에서 오는 것일까? 분석가가 말없이 있기 때문일까? 그러나 피분석자의 내용 없는 이야기에 분석가가 응답을 하면, 그것도 긍정적인 응답을 하면 침묵 이상으로 피분석자의 채워지지 않는 기분이 증진된다는 것이 알려져 있다. 여기서 문제가 되는 것은 피분석자가 말하는 언어 그 속에 내재되어 있는 일종의 '채워지지 않음'이 아닐까? 즉 피분석자라는 주체는 말하면 말할수록 자기의 존재감이 희박해지는 듯한 기분을 맛보게 되는 것이 아닐까? (중략) 결국 피분석자는 자기의 존재가 상상의 세계 속에서 그가 만들어낸 작품 속에서만 존재하고 이 작품이 지금 그의 자기확신과 어긋난 것을 만들어낸다는 사실을 인정한다는 것이 아닐까? —「정신분석

에서 말하기와 언어의 기능과 영역」에서

 의외라고 생각할지도 모르겠지만 정신분석적 대화는 피분석자가 '정말로 체험했던 것'과 '정말로 생각했던 것'을 찾아내기 위해 행해지는 것이 아닙니다. 피분석자는 아무리 말을 해도 그 중심의 '어떤 것'에 도달할 수 없는 구조적인 '채워지지 않음'에서 결코 도망칠 수 없기 때문입니다. 피분석자가 말하고 있는 것은 '헛소리'입니다. 피분석자는 전력을 다해서 자신에 대해 말하고 있지만 안타깝게도 그는 '누군가에 대해' 말하고 있는 것입니다. 그 누군가는 피분석자가 그것이 자기라고 굳게 믿을수록 단지 그와 비슷해질 뿐입니다.
 그러나 그것으로 충분합니다. 점근선적인 접근에 불과했다고 해도 자아에 대해 말하는 것은 피분석자와 분석가 사이에서 창작되고 승인된 '이야기' 속에 등장하는 '나'의 사실성을 점점 증가시켜주기 때문입니다. 피분석자는 말하는 것을 통해서 분석가와의 사이에 놓인 구조물 위에 그 주체성의 축이 되는 다리를 바꾸어갑니다. 정신분석적 대화는 이른바 피분석자의 '본적'을 그의 '내부'에서 분석가와 피분석자가 함께 만들면서 구축한 '이야기'의 내부로 옮기는 '호적의 이전'과 비슷한 작업입니다.
 '증상'은 환자의 내부에 복잡하게 뒤얽혀 있는 '무엇'이 '다른 것'으로 모습을 바꾸어 신체의 표층에 노출된 하나의 '작품'입니다. 마찬가지로 피분석자가 말하는 '억압된 기억' 또한 하나의 '작품'입니다. 따라서 이 '호적의 이전'은 '어떤 것일 것'을 '다른 것일 것'으로 옮기는 것에 불과합니다. 그러나 어떤 병적 증상을 보다 경미한 다른 증상으로 바꿀 수 있다면 실리적으로 볼 때 '치료의 성공'이라고 말할 수 있겠지요. 이것이 '무의식적인 것을 의식적인 것으로 드러내는 것, 즉 무의식적인 것을 의식적인 것으로 번역하는' 프로이트의 기법입니다.

> 무의식적인 것을 의식으로 옮기는 과정을 통해 억압을 해제하고 증후 형식을 위한 여러 조건을 제거하며 병의 원인이 되는 갈등을 어떤 형태로 해결할 수 있는 정상적인 갈등으로 바꾸는 것입니다. —『정신분석입문』에서

프로이트는 그것이야말로 정신분석의 일이라고 단언합니다. 그 본질적인 몸짓인 '다른 것을 드러내는', '번역하는', '이전하는', '대체하는' 것은 독일어 übertragen이라는 동사로 모두 표현할 수 있습니다. 정신분석의 일이란 한마디로 말하면 '위버트라겐하는 일'입니다.

계속 되풀이해서 말하지만 '무의식적인 것을 의식적으로 옮기는' 것은 결코 '억압된 기억을 되살려내서 진실을 밝히는 것'을 의미하는 것이 아닙니다. 극단적으로 말해서 병의 원인이 되는 갈등

이 해결된다면 무엇을 생각해내든 아무 상관이 없습니다. 정신분석의 사명은 '진상의 규명'이 아니라 '증후의 관해寬解(정신분열증의 증상이 없어지는 것—옮긴이)'이기 때문입니다.

프로이트의 히스테리 환자들이 말한 과거 성적 드라마의 몇몇은 거짓 기억이었습니다. 그러나 거짓 기억을 생각해내서 증상이 소멸된다면 분석은 성공입니다. 분석 치료에 대해 라캉도 프로이트의 견해를 지지했습니다.

라캉은 여기에 음악의 비유를 사용합니다. 악보 위 음악 소리의 작용에서 중요한 것은 음표끼리의 연결 방법이나 다른 음표와의 화음입니다. 그것만이 의미가 있습니다. 악보에서 떨어져 나와 단독으로 제시된 '소리'는 음악적으로 아무런 의미가 없습니다.

분석적 대화에서 환자가 말하는 언어도 마찬가지입니다. 그것은 단독으로 끄집어낼 수 있는 경험적인 사실이 아닙니다. 그것은 하나의 음표처럼 전체 악보 위에서 다른 음표와 어떤 관계를 맺고 있는가 하는 것으로 '가치'를 결정할 수 있는 기호가 될 뿐입니다(이 '가치'라는 학술용어의 의미는 소쉬르의 장에서 정의한 것과 같습니다). 따라서 분석가가 피분석자의 말을 들을 때 그것을 모두에게 동일하게 말할 수 있는 객관적 사실이라고 생각해서는 안 됩니다.

> 분석가의 메시지가 주체의 심원한 물음에 응답하기 위해서는 주체가 그 메시지를 자신만을 위해 향해진 대답으로 듣는 것이 필요하다.

―「정신분석에서 말하기와 언어의 기능과 영역」에서

여기서 말한 '주체'는 '분석 주체', 즉 피분석자를 가리킵니다 (라캉은 '환자'가 아니라 '분석 주체'라는 용어를 사용합니다). 분석가와 피분석자 사이에 즉흥적이고 일회적인 말의 주고받기를 음악적인 비유로 말하면 재즈의 즉흥 연주와 가까운 것일지도 모르겠습니다. 한 사람의 연주자가 어떤 구절을 연주한다, 그것을 받은 연주자가 그 구절을 반복하고 해석해서 변주하고 두께를 더해 새로운 가능성을 개척한 뒤 다시 원래의 연주자에게 돌려보낸다, 이것이 되풀이되는 것입니다. 이렇게 악보에 하나의 선율이 그려지듯 하나의 '이야기'가 기록되어갑니다.

분석가와 피분석자의 주고받기는 (하나하나의 음표의 집약이 마침내 주제를 가진 선율을 이루게 되는 것처럼) 하나의 이야기 세계를 구축합니다. 그 이야기가 목적으로 하는 것은 악곡이 어떤 의미에서든 '현실의 재현'이 아닌 것과 마찬가지로 현실의 재현도 상기도, 진실의 개시도 아닙니다. 그것은 하나의 상징화 작용에 다름 아닙니다. 좀 극단적으로 말하면 하나의 '창조행위'이지요.

이 대화에서 오고간 하나하나의 말이 지닌 '의미'는 대화의 문맥 속에서 그들의 말이 어떤 '가치'를 갖고 있는가에 따라서만 결정됩니다. 따라서 메시지를 다른 문맥으로 바꿀 수 없습니다. 분석 주체가 말한 언어는 그와 분석가 사이에서 이루어진 이야기의 문맥에서만 의미가 있을 뿐입니다. 다른 분석가를 상대로 동일한 말을 다시 반복한다고 해도 그 의미는 전혀 달라집니다(베이스 기타로 즉흥 연주한 구절을 피아니스트에게 해금으로 다시 연주해달라고 부탁하는 것과 마찬가지입니다).

분석은 이른바 분석가와 피분석자 사이에 기적적으로 성립하는 일회적이고 대체 불가능한 '공동 작업'입니다. 라캉은 이렇게 말했습니다.

> 언어활동의 기능은 정보를 전달하는 것이 아니다. 생각해내는 것이다. 내가 언어를 말하면서 찾고 있는 것은 타자로부터의 응답이다. 나를 주체로서 구성하는 것은 나의 물음이다. 타자로부터 나를 승인받기 위해서는 내가 '예전부터 있었던 일'을 이제부터 일어날 것으로 말하는 수밖에 없다. (중략) 나는 언어활동을 통해서 자기동정自己同定을 달성한다. 그와 동시에 대상으로서는 모습을 지운다. 내가 말하는 '역사=이야기' 속에서 형태를 띠고 있는 것은 실제로 있었던 것을 말하는 단순 과거가 아니다. 그런 것은 이제 존재하지 않는다. 현재 내 속에서 일어난 것을 말하는 복합 과거도 없다. '역사=이야기' 속에서 실현되는 것은 내가 그렇게 되어가고 있는 것을 미래의 어느 시점에서 이미 된 것으로 말하는 전미래前未來인 것이다. ―「정신분석에서 말하기와 언어의 기능과 영역」에서

라캉에 따르면 피분석자가 자신의 트라우마에 대해 말할 때의 시제는 '과거에 실제로 있었던 사건'을 말하는 단순 과거형이 아니라 미래의 어느 시점을 기점으로 해서 그때에 이미 완료한 행위를 나타내는 전미래형입니다('나는 저녁까지는 일을 끝마칠 것이다'라고 하는 것이 전미래의 사용 방법입니다).

내가 과거의 사건을 '생각해내는' 것은 지금 나의 회상에 귀를 기울이는 사람이 '내가 이런 인간'이라고 생각해주었으면 하기 때문입니다. 나는 '어떤 일이 일어났으면 좋겠다고 생각하는 것', 즉 타자에 의한 승인을 얻기 위해 과거를 생각해내는 것입니다. 우리는 미래를 향해서 과거를 생각해내는 것입니다.

라캉이 '자아 moi'와 '나 je'와 '주체 sujet'라는 동의어를 마술사처럼 교묘한 손놀림으로 나누어 사용하는 이유도 이제 알 수 있을 것입니다. '자아'는 주체가 아무리 말을 해도 언어로 거기에 이를 수 없는 것입니다. 그리고 주체를 통해 계속 말을 걸어야 하는 근원적인 '채워지지 않음'입니다.

'말하고 싶은 것이 있지만 아무리 해도 말이 나오지 않는' 일은 우리 주위에서 종종 일어납니다. 그때 '무엇을 말하고 싶은지' 말할 수는 없지만 '어떻게 해도 말을 할 수 없는 것'이 그곳에 '있다'는 것만은 말할 수가 있습니다. 라캉의 '자아'는 그 '말로는 할 수 없지만 그것이 말을 불러오는' 일종의 자기장과 같은 것이라고 생각하면 됩니다.

프로이트는 '자아'를 '언어의 핵'이라고 이름 붙였습니다. 주체가 '나'로서 말을 하고 있을 때 늘 구조적으로 주체에 의한 자기규정, 자기정위自己定位의 말로부터 도망치는 것, 그리고 그 때문에 더욱 말을 하도록 동기 부여를 하는 것이 바로 '자아'입니다. 따라서 대화의 목적은 이 '자아'가 '누구인가'를 말하는 것이 아니라 단지 '자아'의 '있는 곳'을 찾고 그 '작용'을 끝까지 지켜보는 일입니다. 그것이 정신분석의 일입니다.

'자아'는 이런 것입니다. 그리고 '나'는 상대가 있는 대화 속에서 '나는 ○○이다'라는 말투로 자기동일화를 이루는 주체입니다. '나'는 주체가 '전미래형'으로 말하고 있는 이야기의 '주인공'입니다. 즉 '자아'와 '나'는 주체의 두 '극'을 이루고 있다는 뜻입니다. 주체는 이 양극 사이를 왔다 갔다 하면서 '자아'와 '나'의 거리를 가능한 좁히기 위해 전력을 다합니다. 그리고 분석가의 작업은 그것을 지원하는 일입니다.

어른이 된다는 것

거울 단계에 대한 해설을 하려고 했는데 좀 어려운 이야기가 되고 말았습니다. 그러나 라캉이 말하고 있는 것은 말로 하기는 복잡하지만 경험적으로는 이미 잘 아는 사실입니다. 정신병원 응급 병동에 오랫동안 근무한, 개인적으로 알고 지내는 정신과 의사에 따르면 공황 상태에 빠진 환자라도 반드시 의사를 향해 무엇인가를 말하려고 하며 그 말이 치료의 유일한 실마리가 된다고 합니다. 환자가 말하는 것을 축으로 하여 의사와 환자는 그들 사이에만 통용되는 특이한 어법을 만들고, 의사는 그것을 통해서 환자가 경험하고 있는 내적 세계를 상상적으로 추체험합니다. 한편 환자는 망상적인 내적 세계를 말로 표출함으로써 닫혀 있는 세계로부터 탈출할 수 있는 길을 발견합니다.

타자와 언어를 공유하며 이야기를 함께 만드는 것. 그것이 인간이 지닌 인간성의 본질적인 조건입니다. 정신질환의 치료는 인간의 이러한 기본적인 문제를 껴안고 있는 사람들을 커뮤니케이션의 회로 속으로 다시 맞아들이는 것을 목적으로 합니다. 한편 우리가 이미 상당히 깊이 발을 들여놓은 이 인간의 '사회화' 과정을 '오이디푸스'라고 부릅니다.

'오이디푸스'는 도식적으로 말하면 아이가 언어를 사용하게 되는 것, 어머니와의 유착이 아버지에 의해 끊어지는 것을 의미합니다. 이것은 '부성의 위협적인 개입'의 두 가지 형태입니다. 라캉은 이것을 '아버지의 부否(Non du Père) = 아버지의 이름(Nom du Père)'이라고 말합니다.

무언가 예리한 칼 같은 것을 사용해서 끈적끈적하게 유착된 것을 깨끗하게 끊는 것, 그것이 '아버지'의 일입니다. 따라서 '아버지'는 아이와 어머니의 유착에 '부Non'를 알리고(근친상간을 금지), 동시에 아이에게 사물에는 '이름Nom'이 있다는 것을(또는 '인간의 세계에는 이름을 가진 것만 존재하고 이름을 갖지 못한 것은 존재하지 않는다'는 것을) 가르치고 언어 기호와 상징의 취급 방법을 가르칩니다.

자르는 것, 이름을 붙이는 것. 이것은 소쉬르의 설명에서 보았듯이 사실 동일한 몸짓입니다. 아날로그적인 세계를 디지털로 자르는 것, 그것은 언어학적으로 말하면 '기호에 의한 세계의 분절'이 되고, 인류학적으로 말하면 '근친상간의 금지'입니다('분절 articulation'이라는 것은 번역하기 매우 어려운 학술용어입니다. 이 말은

'관절', '구획', '단편'을 의미합니다. 동사형인 articuler는 '단편화된 것을 연결한다'라는 의미와 '확실히 발음한다'라는 의미가 있습니다. '단편'으로 '나뉜 것'을 연결하여 의미가 있는 '말을 한다'라는 일련의 동작을 한 단어로 표현한 말입니다).

  말을 배우고 있는 아이는 지금 배우고 있는 모국어가 어떤 규칙을 바탕으로 세계를 분절하고 있는지 모릅니다(레비스트로스가 신뢰와 습관에 대해 말한 것과 마찬가지입니다. 우리는 어떤 제도이든 그 '기원'에는 결코 도달할 수가 없습니다).

  '양'에 대해 'mouton'이라는 단어만을 가진 언어 공동체 속에서 자란 사람과 'sheep/mutton'이라는 두 단어를 가진 언어 공동체 속에서 자란 사람은 '양'을 보는 관점이 다릅니다. 말을 배우는 아이는 그것을 '그대로' 받아들일 수밖에 없습니다.

  따라서 아이가 자라는 과정은 언어를 습득하는 것뿐만 아니라 '내가 모르는 사이에 이미 세계는 분절되어 있는데 나는 그것을 받아들일 수밖에 없다'라는 절대적으로 수동적인 위치에 자기가 '처음부터' 놓여 있다는 사실을 승인하는 것이기도 합니다. 아이의 성장에서 언어의 사용은 반드시 필요하지만 그것은 동시에 이 세계는 이미 분절되어 있으며 언어를 사용하는 한 그에 따를 수밖에 없다는 것, 자신이 '세계에 늦게 도착했다'는 사실에 대한 자각이 계속 반복되고 주입된다는 것을 의미합니다.

  우리는 민화나 도시 전설, 소설, 영화나 만화, 텔레비전 드라마

등 무수한 이야기를 가지고 있고 그것을 끊임없이 생산하고 소비하고 있습니다. 라캉이 우리에게 알려준 것 가운데 하나는 그런 이야기의 대부분이 '오이디푸스'적인 기능을 하고 있다는 점입니다.

여기서 잘 알려진 동화 하나를 예로 들어 그 사실을 확인해보겠습니다. 「혹부리 영감」입니다.

먼 옛날 두 사람의 영감이 나란히 살고 있었습니다. 두 사람 모두 뺨에 큰 혹이 달려 있었습니다. 어느 날 한 영감이 산에서 비를 만나 나무 동굴로 몸을 피했는데 도깨비들이 나타나 연회를 시작했습니다. 처음에는 무서움에 벌벌 떨었지만 차츰 흥에 겨워 함께 춤까지 추었습니다. 영감의 춤이 마음에 든 도깨비들은 영감에게 '내일도 오시오, 이건 담보로 맡아두지'라고 말하며 혹을 떼어서 가져갔습니다. 이 이야기를 들은 이웃집 영감이 다음 날 산으로 올라가 도깨비를 만나 춤을 추었지만 그들은 영감의 춤이 마음에 들지 않았는지 다른 한쪽 뺨에 혹을 달아주었습니다. 이것이 이야기의 전부입니다.

이렇게 줄거리를 소개하고 보니 매우 '부조리'한 이야기네요. 이 이야기에 교훈이 있다고 한다면 무엇일까요? 개인기가 삶에 도움이 된다, 뭐 그런 것일까요?

아닙니다. '좋은 영감'이 매일 춤 연습에 열중하자 '나쁜 영감'이 그것을 비웃었다는 식의 이야기는 어디에도 나오지 않습니다(만약 여러분이 읽은 이야기에 그런 '합리적 설명'이 붙어 있다면 그것은 틀림없이 개작된 것입니다. 오랫동안 전해지며 이야기되어온 설화는 모두 본질적으로 '부조리'한 이야기입니다. '노력한 사람이 보답을 받는다'와 같은 시시한 설화를 누가 좋다고 몇 세기에 걸쳐 계속 이야기하고 있겠습니까?). 두 영감 모두 도깨비 앞에서 엉성한 춤을 추었음에도 불구하고 한쪽은 보상을 받고 다른 한쪽은 벌을 받았습니다.

곰곰이 생각해보면 참 이해하기 어려운 이야기라는 생각이 들지 않나요? 둘 다 구별하기 힘들 정도로 엉성한 춤을 추었는데 한 사람은 상을 받고 다른 사람은 벌을 받다니.

사실 이 이야기의 교훈은 '이 부조리한 사실을 있는 그대로 승인해라'라는 명령 속에 있습니다. 이 이야기의 요점은 아이들에게 '차별화=차이화=분절이 어떤 기준을 바탕으로 한 것인지는 이해하기 힘들겠지만 그것을 있는 그대로 받아들일 수밖에 없다'라고 가르치는 것에 있습니다.

도깨비들의 화려한 모습에 정신이 팔려 눈치 채기 힘들겠지만, 사실 이 이야기에서 도깨비는 단순한 기능을 합니다. 그들이 어떤 모습을 하고 있든 아무런 상관이 없습니다.

'도깨비'는 어떤 차별화가 이루어진 이후에, "'누군가가' 차별화를 실행했는데 그 차별화가 어떤 근거로 행해졌는지는 결코 명확하지 않다"라는 사실을 도상적으로 표상하는 것입니다. 즉 '도깨비'라는 것은 존재하는 '것'이 아니라 "세계의 분절은 '내'가 나타나기 이전에 이미 끝나 있고 '나'는 어떤 이유에서, 어떤 기준으로 분절이 이루어졌는지 소급해서 알 수가 없다'라는 인간의 근원적인 무능을 보여주는 '기호'입니다.

뺨에 붙어 있는 혹의 '절단'이라는 에피소드는 세계의 언어적 '분절'이 '거세'(그것은 '아버지의 부름'가 특히 아이에 대해 권력적으로 발동했을 때의 폭력적인 모습을 나타내는 언어입니다)와 같은 뜻임을 제대로 보여줍니다.

'영감'들은 '아이'들입니다(겉모습에 홀려서는 안 됩니다. 꿈과 마찬가지로 이야기에서도 기호는 늘 '그것 같지 않은' 형태를 띠고 있습니다). 그들의 일은 이 세상에는 이해도 공감도 할 수 없는 '도깨비'가 있고 세계가 이미 차별화되어 있다는 '진리'를 학습시키는 것입니다. 그것을 배워서 알게 될 때 비로소 '아이'는 오이디푸스를 통과해서 '어른'이 되기 때문입니다.

「혹부리 영감」에 나오는 도깨비가 휘두르는 권력과 공포는 그것이 '어떤 기준을 토대로 차별화를 한 것인지 보이지 않는'것의 지지를 받고 있습니다. 그것은 독재자나 폭군의 권력과 구조적으로 매우 비슷합니다. 사람들이 독재자에게 공포를 느끼는 것은 그가 권력을 갖고 있기 때문이 아닙니다. 권력을 어떤 기준으로 행사할지를 예측할 수 없기 때문입니다. 신하들 가운데 누가 다음에 총애를 잃고 사형을 당할지 아무도 예측할 수 없을 때 권력자는 참으로 무서운 존재가 됩니다.

이것을 '권력을 가진 사람에게는 이치에 맞지 않는 일도 허용된다'라고 합리적으로 설명하려고 들면 이야기는 보이지 않게 됩니다. 우리가 원인과 결과를 잘못 이해하기 때문입니다(니체가 한 말입니다). 제대로 말하려면 '이치에 맞지 않는 결정을 내리는 사람에게 사람들은 두려움을 느낀다'라고 해야 합니다(생각해보면 당연합니다. 권력을 갖고 있다고 해도 권력을 행사하는 방법이 합리적이고 명쾌한 규칙에 의한 것이라면 권력자는 결코 '폭군'이라고 불리지 않습니다. 현대의 미국 대통령은 역사상 최대의 권력자이지만 '합리적이고 명쾌한 규칙'에 따라 권력을 행사해야 할 의무가 있기 때문에 누구도 그를 두려워하지 않습니다).

이와 반대로 우리는 타인에게 권력을 행사하려고 할 때 '이치에 맞지 않는' 논리를 내세웁니다(예를 들어 가족 구성원들 가운데 '이치에 맞지 않게 행동하는 사람'이 있다면 그가 집안의 권력자입니다. 힘이 없는 아이라고 해도, 온순한 아내라고 해도, 수입이 없는 가장이라고 해도 이치에 맞지 않게 행동을 하면 곧바로 다른 가족들은 공포의 눈초리로 그를 바라보고 좋을 대로 하도록 내버려둡니다).

그런 어처구니없는 지배 전략이 가능한 것은 근거도 없는 차별을 당하게 될 때 우리 마음이 그 실행자를 '저항할 수 없는 강한 권력의 소유자'라고 생각하도록 구조화되어 있기 때문입니다.

깡패의 공갈이나 형사의 취조 모두 이러한 성격을 지니고 있다는 점에서 매우 비슷합니다. 이것은 대개 2인 1조로 이루어지며 한쪽이 '무서운 사람', 한쪽이 '말이 통하는 사람' 역할을 맡습니다.

'무서운 사람'이 '까불면 가만두지 않겠어'라고 위협을 하고, '말이 통하는 사람'이 끼어들어 '그렇게 화를 낼 일이 아니잖아, 이 양반 겁먹었어'라고 하면서 구원의 손길을 내밉니다. 당하는 사람은 '말이 통하는' 사람에게 지푸라기라도 잡는 심정으로 중재를 요청합니다. 그런데 '말이 통하는' 사람이 갑자기 흉악한 모습으로 변신해서 '놀고 있네' 하고 호통을 칩니다. 그 순간 이성은 마지막으로 의지할 곳을 잃고 와르르 무너져 내리기 시작합니다. 이것이 '협박'의 기본 장치입니다.

'나는 무능력하다'라는 사실을 맛보게 될 때 반사적으로 그 사태의 원인이 '나의 외부에 있으며, 나보다 강력한 것이 나의 온전한 자기인식이나 자기실현을 방해하고 있다'는 이야기 형태로 설명할 수 있는 능력을 몸에 지니는 것, 다른 말로 하면 '무서운 것'에 굴복하는 능력을 몸에 지니는 것이 오이디푸스라는 과정의 교육적 효과입니다.

이렇게 해서 나의 외부에 신화적으로 만들어진 '나의 온전한 자기인식과 자기실현을 억제하는 강력한 것'을 정신분석에서는 '아버지'라고 부릅니다. '아버지'는 그렇게 '나'의 약함을 포함해서 '나'를 통째로 설명하고 근거를 제시해주는 신화적인 기능의 다른 이름입니다.

따라서 이 '아버지'라는 기능은 어떤 것에도 담을 수가 있습니다. 현실의 아버지는 물론이고 권력자, 악마, 부르주아지, 공산주의자, 유대인, 프리메이슨, 식민지주의자, 남성주의자 등 '나'의 자기실현과 자기인식이 '제대로 이루어지지 않는' 경우의 '원인'으로 가정할 수 있는 모든 것을 '아버지'라고 부를 수가 있습니다. 그리고 '아버지'의 간섭에 의해 '제대로 이해되지 않는' 것이 설명되었다는 기분이 들 수 있도록 심리구조를 주입하는 것을 우리 세계에서는 '성숙'이라고 부릅니다.

「혹부리 영감」이라는 동화는 그런 의미에서 성서의 '카인과 아벨'과 동일한 설화구조를 갖고 있습니다. 성서에서는 카인과 아벨 두 형제가 똑같이 신에게 공물을 바쳤지만 신은 카인의 공물을 거부하고 아벨의 공물만을 받습니다. 이유는 모릅니다. 이때 신의 절대적 권위의 기초는 '까닭 없는 차별'에 의해 설화적으로 구성되어 있습니다.

이와 비슷한 이야기를 인류는 무수히 갖고 있습니다. '그것'에 대해 말하지 않고는 지성을 논할 수 없을 정도로 우리는 동일한 이야기 형태를 과거, 아마 수천 년 전부터 신화, 민담, 종교, 사회윤리, 정치 이데올로기로서 때로는 과학으로서 계속해서 이야기해왔습니다.

커뮤니케이션이야말로 가치가 있다

라캉의 생각에 따르면 인간은 자기 인생에서 두 번 큰 '사기술'을 경험하고서 '정상적인 어른'이 됩니다. 그 첫 번째는 거울 단계에서 '내가 아닌 것'을 '나'라고 생각하는 것에 의해 '나'의 토대를 얻는 것이고, 두 번째는 오이디푸스 단계를 통해 자기의 무력함과 무능함을 '아버지'에 의한 위협적 개입의 결과로 '설명'하는 것입니다.

역설적이지만 '정상적인 어른' 또는 '인간'이란 이 두 번의 자기기만을 제대로 완수한 사람입니다.

따라서 정신분석의 치료는 대개 오이디푸스 단계의 통과에 실패한 피분석자를 대상으로 하게 되는데 (거울 단계를 통과하지 못한 사람에게는 '내'가 없기 때문에 분석조차 할 수가 없겠지요) 그 작업은 표준적으로는 분석가를 '아버지'라고 상정하고 '자기에 대한 이야기'를 그 '아버지'와 공유하고 '아버지'에게 승인받는 형태로 진행됩니다.

앞에서 본 것처럼 정신분석에서 분석가는 오로지 분석 주체의 말에 귀를 기울입니다. 분석 주체의 말 이외의 자료는 배제하고 그 담론의 내부에 머뭅니다. 분석 주체의 담론을 이해하는지 아닌지는 중요하지 않습니다. 말을 거는 것과 응답이 리듬감 있게 진행되면 그것으로 좋습니다. 이 '말을 걸고 응답하는 것'이 분석적 대화의 참된 추진력입니다. 분석가가 분석 주체에 주는 것은 '이해'가 아니라 '대답'입니다.

그렇다면 앞의 레비스트로스의 해설에서 언어적 커뮤니케이션에 대해 말한 것을 거의 그대로 정신분석적 대화에 적용할 수가 있습니다. 타자와의 언어적 교류는 이해 가능한 진술의 주고받기가 아니라 말의 증여와 답례의 형태가 되고 내용은 아무래도 상관없습니다. '언어 자체'에 가치가 있기 때문입니다. 언어의 증여에 대해 언어의 답례를 하는 이 증여와 답례의 왕복 운동을 계속하는 것이 그 무엇보다 중요합니다.

레비스트로스에 따르면 메시지의 교환을 하는 것은 '인간'이기 위한 필수적인 조건입니다. 따라서 정신분석의 목적은 그 무엇보다 말을 걸고 응답하는 왕복 운동 속으로 분석 주체를 끌어들이는 일입니다. 분석 주체가 알아야 할 것은 자기의 증상이 지닌 '참된 원인'이 아닙니다. 그런 것은 아무래도 좋습니다. 중요한 것은 이 대화를 통해서 원하는 것(지금의 경우라면 '자기의 성장 과정에 대한 조리 있는 이야기')을 손에 넣기 위해서는 타자(분석가)를 경유해야만 한다는 인류학적인 진리를 학습하는 것입니다. 자기를 언어의 관계망 속 '어딘가'에 위치시키는 것입니다.

또한 분석가는 분석이 끝나면 반드시 그때마다 피분석자에게 치료비를 청구해야만 한다는 것이 정신분석의 중요한 규칙입니다. 결코 무료로 치료를 해서는 안 됩니다. 라캉의 '단기간의 치료'는 경우에 따라서는 악수만으로 끝나는 일이 있었지만 대개는 반드시 거액의 치료비를 받았습니다. 치료비를 지불하지 않은 피분석자에 대해서는 주저하지 않고 뺨을 때렸습니다. '돈을 지불한다'는 것은 매우 중요합니다. 피분석자는 분석가에게 치료비를 지불함으로써 정신분석의 진찰실에서 '재화와 서비스의 커뮤니케이션'인 경제활동에도 참여한 것이 되기 때문입니다.

정신분석의 목적은 증상의 '참된 원인'을 밝혀내는 것이 아닙니다. '치료하는' 것입니다. 그리고 '치료하는' 것은 커뮤니케이션 부조不調에 빠져 있는 피분석자를 다시 커뮤니케이션의 회로로 돌아오게 만드는 것, 다른 사람과 말을 교환하고 사랑을 나누고 재화와 서비스를 나누는 증여와 답례의 왕복운동 속으로 끌고 들어가는 것입니다. 정체되어 있는 커뮤니케이션을 '이야기를 공유하는 것'으로써 다시 가동시키는 것이 바로 정신분석뿐만 아니라 우리가 타자와의 인간적 '공생'의 가능성을 추구할 때 늘 채용하는 전략입니다.

나오는 말

전부터 구조주의 입문서를 쓰고 싶다고 생각했습니다.

구조주의의 여러 조류가 일본에 무서운 기세로 유입된 것은 내가 불문학을 공부하던 학생 때였습니다. 나는 '최근 유행하는 사상'을 이해하기 위해 필사적으로 노력했지만 구조주의의 주요 저서들은 모두 터무니없이 난해했고 어쩔 수 없이 펼쳐든 해설서는 어려운 개념을 그저 어려운 번역말로 바꾸어놓은 것에 불과했습니다. 당시 스무 살이던 나는 이 책들이 무엇을 말하는지 조금도 이해하지 못했습니다.

술술 이해되는 '일반적인 언어'로 쓰인 프랑스 현대 사상의 해설서가 없었습니다. '눈물 없이 읽는 기호론', '갑자기 시작한 정신분석', '쉽게 배우는 구조주의' 같은 책들이 있으면 얼마나 좋을까? 스무 살의 나는 절실히 그런 생각을 했습니다.

그로부터 수십 년이 흘렀습니다. 세상에 시달리는 동안 조금씩 '인간에게 소중한 것'이 무엇인지 알게 되었습니다. 그렇게 긴 세월을 돌아서 다시 책을 읽어보니 이해하기 힘들고 사악하다고 생각될 정도로 난해했던, 구조주의와 구조주의자들이 '말하고 싶어 했던 것'들이 술술 이해되기 시작했습니다.

요컨대 레비스트로스는 '우리 모두 사이좋게 살아요'라고 한 것이며, 바르트는 '언어 사용이 사람을 결정한다'라고 한 것이고, 라캉은 '어른이 되어라'라고 한 것이며, 푸코는 '나는 바보가 싫다'라고 했음을 알게 된 것이지요.

"뭐야, 이런 말이 하고 싶었던 거야?"

그 사이에 철학사에 대한 지식이 늘어났기 때문도 프랑스어 독해력이 늘어났기 때문도 아닙니다. 나이를 먹어가면서 사람과 사이좋게 지낸다는 것이 얼마나 중요한지 간절히 느꼈고 선현의 가르침이 저절로 몸에 스며들었기 때문입니다. 나이를 먹는 것은 헛된 일이 아닙니다.

라쿠고(落語)(일본의 전통 연희 가운데 하나로 일종의 만담)의 〈치하야부루(千早振る)〉에는 귀족 아리와라 나리히라의 옛 노래에 담긴 뜻이 맛깔스럽게 해석되는 장면이 있습니다. 나 또한 구조주의자들의 자양분이 풍부한 견해를 쉽게 들려주고 싶다는 마음을 가졌습니다. 그렇게 쓴 것이 이 책입니다.

앞서 이야기한 것처럼 이 책의 저본은 시민강좌를 위한 노트입니다. 처음에는 그 노트에 첨삭을 해서 대학 간행물로 출판해 학생들에게 '입문서'로 읽히면 좋겠다고 생각했습니다. 그런데 그 무렵 분슌(文春) 출판사의 시마츠 히로아키 씨로부터 뭔가 써보지 않겠냐는 연락이 왔습니다. 이렇게 책이 만들어졌습니다.

초고는 별로 길지 않았지만 시마츠 씨로부터 '전문용어로는 이해가 잘 안 되니 좀 더 구체적으로' 써달라는 주문을 받았습니다. 그 부분을 모두 '비유적인 설명'으로 고쳤더니 이렇게 길어지고 말았습니다.

다시 한 번 말하지만 나는 이 책에서 소개한 사상가들을 전문적으로 연구하지는 않았습니다. 따라서 그들에 대한 최신 연구 동향에 대해서 자세히는 알지 못하며 어려운 논문 등은 가급적 보지 않았습니다. 그런 사람이 해설서를 쓴다는 폭거가 용인될 수 있을지에 대한 의심을 아직도 가지고 있습니다. 전문가들은 나의 제멋대로인 해석에 버럭 화를 낼지도 모릅니다. 그렇지만 초보자를 상대로 차를 마시며 만담을 하듯 쓴 책이므로 가끔씩 웃으며 편하게 읽어주시면 고맙겠습니다.

옮긴이의 말

1981년 구조주의의 탄생에 핵심적 역할을 했던 인류학자 레비스트로스가 한국정신문화연구원(현 한국학중앙연구원)의 초대를 받아 우리나라에 온 적이 있습니다. 그는 우리의 여러 학자들과 교류하고 통도사, 해인사, 안동 하회마을 등 여러 곳을 돌아다니며 우리 문화를 즐겼습니다.

그때 레비스트로스는 구조주의에 대해 몇 차례 강의를 했습니다. 강의 내용 가운데 흥미로운 사실 하나는 우리를 포함한 동양인들이 구조주의에 매우 친숙한 사람들이라는 지적이었습니다. '구조주의'라는 말만 없었을 뿐 동양에서는 역사적으로 오랫동안 구조주의적 사고를 해왔다는 얘기였습니다. 한 문단만 인용해보겠습니다.

구조주의는 인간 활동과 우주의 여러 현상의 다른 분야 사이에 연관

성을 찾아내는 사고활동입니다. 음양, 천지, 명암, 군신, 부자, 사제 등 이들 간의 관계를 연구 설립하는 사고방식이야말로 너무나 내가 연구에 접할 때 사용하는 사고방식과 같습니다. 개체가 중요한 것이 아니고 개체 간의 관계를 우선 연구하는 바로 그것이 구조주의 방법인 것입니다. 이런 사고방식은 고대방식에서도 널리 퍼져 있었고 다만 구조주의라는 용어가 과거에 없었을 뿐이지 구조주의적 사고방식은 오늘날보다 고대에 훨씬 많았다고 봅니다(강신표 편, 『레비스트로스의 인류학과 한국학』).

가끔 학생들로부터 구조주의를 이해하기 어렵다는 말을 듣습니다. 물론 '주의'나 '이즘'이 붙은 말을 간단하게 이해할 수는 없습니다. 그러나 구조주의가 어렵게 느껴지는 것은 현대사회가 '소통' 또는 '관계 맺기'에 어려움을 느끼는 시대이기 때문일지도 모르겠습니다. 심지어 타자나 사회가 아닌 '나와 나'의 관계조차 서로 통하기 힘듭니다. 본문에서 보았듯이 라캉은 '나와 나'의 소통을 시도합니다.

관계의 연구에서 시작하는 구조주의와 소통의 어려움을 안고 있는 현대사회는 서로 어울리지 않을 수도 있습니다. 그러나 그렇기 때문에 구조주의가 우리에게 여전히 유효한 면을 갖고 있지 않을까 생각해봅니다. 이 책의 저자 우치다는 구조주의의 본질에 대해 아주 명쾌하게 설명합니다.

"요컨대 레비스트로스는 '우리 모두 사이좋게 살아요'라고 한 것이며, 바르트는 '언어 사용이 사람을 결정한다'라고 한 것이고, 라캉은 '어른이 되어라'라고 한 것이며, 푸코는 '나는 바보가 싫다'라고 했음을 알게 된 것이지요."

사이좋게 살고, 언어를 잘 쓰고, 아이에 머무르지 않고 어른이 되고, 바보로 살아가지 않는 것, 이는 어느 시대의 누구에게든 필요한 얘기입니다. 이렇듯 구조주의의 결론은 어린아이도 쉽게 이해할 수 있는 내용입니다. 그런데 그 결론에 이르기 위해서 거쳐야 하는 과정이 쉽지 않습니다. 현대 사상이나 여러 학문의 기초적인 이해가 없다면 길이 없는 산이나 들판을 헤매는 것처럼 길을 잃기 십상입니다.

이 책은 구조주의라는 높은 산과 너른 들을 등정하고 탐험하기 위한 상세한 지도와 좋은 안내판 역할을 합니다. 저자가 첫머리에 밝혀놓은 것처럼 좋은 해설서의 역할을 하고 있다는 뜻입니다.

레비스트로스의 말처럼 우리는 예부터 이미 구조주의에 친숙한 사람들입니다. 또한 구조주의는 한 시대에 국한되는 담론도 아닙니다. 비록 구조주의의 유행은 지나갔지만, 우리가 구조주의에 대해 관심을 가져야 하는 까닭은 모든 학문의 본질이 그렇듯이 우리가 보다 잘 살고 행복해지기 위함일 것입니다.

2010년 10월, 이경덕

참고 문헌

제1장 구조주의 이전의 역사
Kojève, A., *Introduction to the Reading of Hegel: Lectures on the Phenomenology of Spirit*, Cornell University Press, 1980.
F. 니체, 『비극의 탄생』, 박찬국 옮김, 아카넷, 2007.
F. 니체, 『선악의 저편·도덕의 계보』, 김정현 옮김, 책세상, 2002.
F. 니체, 『차라투스트라는 이렇게 말했다』, 홍성광 옮김, 펭귄클래식코리아, 2009.
G. W. 헤겔, 『정신현상학』, 임석진 옮김, 한길사, 2005.
J. 로크, 『유토피아/자유론/통치론』, 김현욱 옮김, 동서문화동판주식회사, 2008.
S. 프로이트, 『정신분석입문』, 이명석 옮김, 홍신문화사, 2007.
T. 홉스, 『리바이어던』, 최공웅·최진원 옮김, 동서문화동판주식회사, 2009.
오르테가 이 가세트, 『대중의 반역』, 황보영조 옮김, 역사비평사, 2005.
카를 마르크스, 『경제학·철학 초고/자본론/공산당선언/철학의 빈곤』, 김문현 옮김, 동서문화동판주식회사, 2008.

제2장 창시자 소쉬르의 등장
高島俊男, 『漢字と日本人』, 文藝春秋, 2001.
小林昌廣, 「肩凝り考」, 『病いの視座』, メデイカ出版, 1989.
岩井克人, 『貨幣論』, ちくま文庫, 1998.
페르디낭 드 소쉬르, 『일반언어학 강의』, 최승언 옮김, 민음사, 2006.

제3장 푸코와 계보학적 사고
Kantorowicz, Ernst, *The King's Two Bodies*, Princeton University Press, 1957.
Rey, R., *The History of Pain*, Harvard University Press, 1993.
龜井俊介, 『アメリカン・ヒーローの系譜』, 研究社出版, 1993.

武智鐵二,『傳統と斷絕』, 風塵社, 1989.
北澤一利,『健康の日本史』, 平凡社, 2000.
西江雅之,『傳說のアメリカンヒーロー』, 岩波書店, 2000.
養老孟司・甲野善紀,『古武術の發見』, 光文社, 1993.
竹內敏晴,『思想する'からだ'』, 晶文社, 2001.
미셸 푸코,『감시와 처벌: 감옥의 탄생』, 박홍규 옮김, 강원대학교출판부, 1996.
미셸 푸코,『광기의 역사』, 이규현 옮김, 나남출판, 2003.
미셸 푸코,『성의 역사 1: 앎의 의지』, 이규현 옮김, 나남출판, 2004.

제4장 바르트와『글쓰기의 영도』
Barthes, Roland, *The Dead of the Author*, Aspen, 1967.
Felman, Shoshana, *What Does Woman Want?: Reading and Sexual Difference*, Johns Hopkins University Press, 1993.
Morin, Edgar, *Le Cinéma ou l'homme imaginaire*, Edition de Minuit, 1958.
롤랑 바르트,『글쓰기의 영도』, 김웅권 옮김, 동문선, 2007.
롤랑 바르트,『기호의 제국』, 김주환 외 옮김, 산책자, 2008.
롤랑 바르트,『텍스트의 즐거움』, 김희영 옮김, 동문선, 1997.

제5장 레비스트로스와 끝나지 않는 증여
Lévi-Strauss, C., *Le Totémisme aujourd'hui*, PUF, 1962.
C. 레비스트로스,『구조인류학』, 김진욱 옮김, 종로서적, 1983.
C. 레비스트로스,『야생의 사고』, 안정남 옮김, 한길사, 1996.

제6장 라캉과 분석적 대화
Lacan, Jacques, *Écrits*, Seuil, 1966.
엘리자베스 로프터스・캐서린 케첨,『우리 기억은 진짜 기억일까?』, 정준형 옮김, 도솔, 1996.

S. 프로이트, 『히스테리 연구』, 김미리혜 옮김, 열린책들, 2004.

* 독자의 편의를 위해 국내에 번역된 책의 경우 원서의 서지 사항 대신 가장 최근에 나온 국내서의 서지 사항을 표기했다. 단 옮긴이가 본문의 인용문 번역에 참조한 책은 그 책의 서지 사항을 표기했다.